Krunica

SESTRA EMMANUEL MAILLARD

KRUNICA

Putovanje koje ti mijenja život

© 2021 Children of Medjugorje inc.
Sva prava pridržana.

Prevela: Marija Čolak.

Dizajn naslovnice: Maud Warg.

Ilustracija naslovnice: Shutterstock.

Sva prava pridržana. Nijedan se dio ove knjige ne smije umnožavati, fotokopirati, reproducirati ni prenositi u bilo kakvu obliku (elektronički, mehanički i sl.) bez prethodne pisane suglasnosti nakladnika. Jedina iznimka je kratko navođenje dijelova knjige (citati) u tiskanim prikazima u ovom djelu.

Ingram Content: www.ingramcontent.com.

ISBN-13: 978-1-7363308-6-9 (MEKE KORICE)
ISBN-13: 978-1-7363308-7-6 (EPUB E-KNJIGA)

10 9 8 7 6 5 4 3 2 1

Dostupno u E-knjizi.

Children of Medjugorje
www.childrenofmedjugorje.com

Sadržaj

Uvod ... xi

Radosna Otajstva

I

PRVO RADOSNO OTAJSTVO ... 3
Navještenje

DRUGO RADOSNO OTAJSTVO ... 7
Pohod

TREĆE RADOSNO OTAJSTVO ... 17
Rođenje Isusovo u Betlehemu

ČETVRTO RADNOSNO OTAJSTVO ... 23
Prikazanje Isusa u hramu

PETO RADOSNO OTAJSTVO ... 27
Pronalazak Djeteta Isusa u hramu

Otajstva Svjetla

33

PRVO OTAJSTVO SVJETLA ... 35
Krštenje Isusa u rijeci Jordanu

DRUGO OTAJSTVO SVJETLA ... 41
Svadba u Kani

TREĆE OTAJSTVO SVJETLA ... 47
Navještenje Kraljevstva Božjega
i poziv na obraćenje

ČETVRTO OTAJSTVO SVJETLA ... 55
Preobraženje

PETO OTAJSTVO SVJETLA ... 61
Ustanovljenje euharistije

Žalosna Otajstva

71

PRVO ŽALOSNO OTAJSTVO ... 73
Isusova agonija u Getsemanskom vrtu

DRUGO ŽALOSNO OTAJSTVO ... 79
Bičevanje Isusa

TREĆE ŽALOSNO OTAJSTVO . . . 87
Isus je okrunjen trnovom krunom

ČETVRTO ŽALOSNO OTAJSTVO . . . 93
Isus nosi teški križ

PETO ŽALOSNO OTAJSTVO . . . 99
Isus umire na križu

Slavna Otajstva

105

PRVO SLAVNO OTAJSTVO . . . 107
Isusovo uskrsnuće od mrtvih

DRUGO SLAVNO OTAJSTVO . . . 111
Uzašašće

TREĆE SLAVNO OTAJSTVO . . . 117
Silazak Duha Svetoga

ČETVRTO SLAVNO OTAJSTVO . . . 123
Uznesenje Marije u nebo

PETO SLAVNO OTAJSTVO . . . 131
Marija je okrunjena za Kraljicu neba i zemlje

Otajstva Samilosti

PRVO OTAJSTVO SAMILOSTI ... 141
Milosrdni Samarijanac

DRUGO OTAJSTVO SAMILOSTI ... 147
Udovica iz Naina i uskrsnuće njezinoga sina

TREĆE OTAJSTVO SAMILOSTI ... 153
Veronika briše Isusu lice

ČETVRTO OTAJSTVO SAMILOSTI ... 159
Srce Pastira

PETO OTAJSTVO SAMILOSTI ... 165
Slijepci iz Jerihona

Otajstva Milosrđa

PRVO OTAJSTVO MILOSRĐA ... 173
Razmetni sin

DRUGO OTAJSTVO MILOSRĐA ... 177
Isus i Samarijanka

TREĆE OTAJSTVO MILOSRĐA . . . 181
Isus i preljubnica

ČETVRTO OTAJSTVO MILOSRĐA . . . 189
Isus i dobri razbojnik

PETO OTAJSTVO MILOSRĐA . . . 195
Petar se odriče Isusa

Dodatak

201

Kraljica Mira . . . 203
Sveci Nam Govore . . . 207
Svjedočanstva . . . 217
Krunica Gospođe Siemienska . . . 221
Obiteljske Uspomene 225
Obećanja Presvete Djevice Marija . . . 233
Nepoznata Snaga Posta . . . 235
Knjige s. Emmanuel na hrvatskom . . . 237

Uvod

ašto je na kršćanskim radiopostajama molitva krunice najslušanija emisija?
Zašto je na hit paradama prodaje CD-a krunica best-seller?
Zašto je veliki čudotvorac otac Pio uvijek imao krunicu u ruci?
Zašto je krunica Majke Terezije njoj otvarala sva vrata?
Zašto žena koja gazi glavu zmije toliko preporučuje krunicu?
Zašto je krunica bila omiljena molitva svetog Ivana Pavla II.?
Zašto sotona drhti na sam spomen Marijinog imena u krunici?
Zašto je krunica molitva novih vremena?
Zašto sam bila potaknuta napisati ovu knjižicu?
Dat ću vam usporedbu: često susrećem osobe u poteškoćama i čini se da je svakim danom sve više poteškoća. Zaista, svi smo na bojnom polju i strijelice koje lete sa svih strana nikoga ne štede. Isto tako, svaki dan vidim osobe koje misle da se mogu šetati po tom bojnom polju i iznenađene su kada zadobiju rane, možda i smrtne. Ali, zar oni ne znaju da imaju na raspolaganju moćno oružje?

Napisala sam ovu knjigu kako bi svi moji čitatelji uzeli to oružje. Pustit ću je dakle da govori, znat će ih uvjeriti bolje nego ja!

„Ja sam maleno, diskretno oružje načinjeno od drvenih zrnaca i od užeta koje ih drži, cijena mi je samo jedan euro i čvrsto stojim u džepu. Ali velika sam po svojim djelima. Kako maleno zrno tamjana može raširiti svoj miris po cijeloj kući, isto tako i ja ispunjam srce onoga koji me koristi. Zato danas imam milijune prijatelja po cijelome svijetu. Moji prijatelji su različiti i svatko od njih je važan za Majku Božju!

Ima onih koji me rijetko koriste, a pazim na takve da me ne napuste, iako kažu, „ne treba biti prepobožan"! Potom ima onih koji me se sjete svaki dan, ti me vrlo obraduju jer mi dopuštaju da im udijelim posebnu zaštitu.

Zatim imam svoje „fanove" koji me zaista raznježe! Oni su moji heroji i, po njima izlijevam tolika dobročinstva na svijet! Toliko me raznježe da idu čak do toga da me reklamiraju. Zahvaljujući njima, unaprijed pobjeđujem svaki dan. Zaštita, oslobođenja, izlječenja, prosvjetljenja, posvećenja, pomirenja i koliko čudesa!

Ah, zaboravila sam! Ima onih koji me objese na retrovizor automobila, ali nikada me ne koriste. Takvi me brinu, odriču se mojih dobročinstava, a šteta za njih! Ali, barem oni koji me vide obješenu na retrovizor mogu se prisjetiti da postojim, i to je već dobro! Samo da jednog dana shvate da nisam samo ukrasni predmet . . .

Ona koja me napravila radi naporno u ovim vremenima. Ona često hvali moju učinkovitost kraj svoje djece, i zahvaljujući Njoj, naročito preko Međugorja, mogla sam prodrijeti u mnoge obitelji kako bih ponovno uspostavila njihovo zajedništvo, pa čak i u neke samostane koji su me

Uvod

zaboravili. No, Ona me ne predstavlja samo kao oružje, već me definira na tisuću drugih načina, tako s Njom idem u neočekivane pobjede. Naravno, te pobjede su sve za njezino Bezgrešno srce, ali kao što mi je dobro objasnila, Ona sve nanovo daje svome Sinu Isusu! Rezultat je da služim Njemu preko Nje. Zahvaljujući svome predivnome podupiratelju, Ivanu Pavlu II., svijet je shvatio da središte krunice nije Ona, Marija, nego On, Isus jer nas svako otajstvo uranja u važan trenutak njegovoga života.

Preko Njega dobivam pobjede. Naravno, jer On je Bog! Ono što me najviše zadivljuje kod Nje je povjerenje koje nam je dala u Međugorju: "Draga djeco, dok sam bila na zemlji, neprestano sam molila krunicu. Neprestano sam imala usredotočene oči na život moga Sina Isusa, i to je krunica!" U Fatimi ona čak i nosi moje ime: Naša Gospa od Krunice. Nemam riječi kojima bih izrazila tu radost što sam dio njezinoga života, a ta radost, oh kada bih je barem mogla podijeliti sa svom njezinom djecom, bez iznimke! Poznajem sestru koja je daleko od svetice, no ipak, u dubini je na mojoj strani. Učinila me djelom svoje želje da napiše nešto o meni. Prezadovoljna, rekla sam joj: "Samo naprijed!" Bila je pomalo odvažna jer nije bila zadovoljna da napiše samo komentare na dvadeset klasičnih misterija krunice, nego je htjela dodati još deset, pet za samilost i pet za milosrđe. Upitala sam je zašto i odgovorila mi je: „Zašto ne?! Ivan Pavao II. je napisao pet otajstava svjetla!" Nisam joj htjela proturječiti . . . "

Radosna Otajstva

Kako je prekrasno s Marijom započeti putovanje u Isusov život! Molitva krunice vodi nas u avanturu u kojoj ćemo otkriti neotkrivene krajolike i beskrajna prostranstva za koje oči naše duše nisu mogla zamisliti da postoje. Zajedno s različitim otajstvima, Marija će nam predstaviti svoj obiteljski album, slike najljepše obitelji. Otkrit će nam put koji prati njezin Sin i najdirljivije događaje u Njegovom životu. Uđimo u njezine najintimnije misli, zastajući na važnim koracima njezinih prvih godina sa Isusom tako da možemo razumjeti i zadržati svaku mrvicu ove čiste, božanske radosti. Ništa nam neće pobjeći jer naša srca, umorna od prolaznih radosti ovoga svijeta, žarko žele izvor žive vode koja će im pomoći iskusiti istinsku radost.

Oh, Marijo, naša srca su spremna. Uzmi nas za ruku, vodi nas i pomozi nam otkriti tvoju radost!

PRVO RADOSNO OTAJSTVO

Navještenje

Pođimo zajedno do Izraela, do malog grada Nazaret. Nepoznata mlada djevojka po imenu Mirjam, često nazivana Marija, živi ovdje. Ja sam dijete od tek tri godine. Sada u dobi od tri godine, djeca mogu biti veliki mistici. S lakoćom koja je tipična djeci, tajno skliznem u Marijinu sobu, i što vidim? Prekrasnu mladu djevojku od otprilike četrnaest godina. Moram priznati, fascinirana sam. Neodoljivo privučena ljepotom i nježnošću koja isijava iz nje, potrčim prema njoj i stisnem se u njezinom naručju. S mojom djetinjom intuicijom, sve sam razumjela: svjesna sam otvaranja njezinog srca i nježnosti koje izlazi iz njega.

Znate djecu: sve razumiju! Odmah shvate jesu li dobrodošla i poželjna ili jesmo li umorni od njih i želimo da nas ostave same. U tom slučaju, u trenutku kada me ugledala na kućnom pragu, osjetila sam da je sretna što me vidi! Oh, osjećam se tako dobro u njezinom naručju! Uživam u njezinoj ljepoti i nježnosti kakvu još nisam iskusila. Tako da se još više stišćem u njezinom naručju. Uzimam je za ruku i tiha sam. Nikada se nisam osjetila tako utješena. Nema potrebe za govorom i nema smisla govoriti joj odakle sam ili tko sam. Jednostavno sam dijete! Držeći je za ruku, osjećam sav mir koji joj živi u srcu, mir koji teče kroz mene kao rijeka i ispunja me. Odlučujem nikada ne pustiti ruku ove Gospođe! Malena Jacinta iz Fatime također je bila preplavljena prvi puta kada je ugledala Blaženu Majku. Tek je napunila šest godina. Nakon ukazanja, nikada nije prestala ponavljati: „Oh, kako je prekrasna ova Gospođa! Kako je divna!" To je sve što je mogla reći, i tako čineći, sve je rekla!

Dok sam u Marijinoj sobi, i ja kažem isto: „Kako je prekrasna ova Gospođa!" Ostajem uz nju i čvrsto se stišćem uz nju; osjećam da me njezin mir hrani. Imam toliku životnu potrebu za njim!

Nevjerojatno je, ali došla sam upravo u pravi trenutak: Navještenje! (Lk 1:26-27) Anđeo je neočekivano došao kako bi je iznenadio i počinje joj govoriti. Očito, naviješta joj neke važne vijesti! Otkada je moja ruka u njezinoj, mogu osjećati kako cijelo njezino biće drhti, podrhtava zbog snažnih osjećaja. Marija je upravo saznala da ju je Bog izabrao da bude majka Mesije. Kako da ne bude potresena? Među svim ženama, nju je Otac izabrao da postane majka Njegovog jedinoga Sina, dugoočekivanog Mesije, Onoga koji će spasiti svijet. Cijela povijest svijeta drastično će se promijeniti! Osjećajući kako joj ruka drhti, ja sam preplavljena radošću i moje srce snažno udara.

Sa očima duše promatram Dijete Isusa koji se dolazi stisnuti u utrobi Bezgrešne Djevice kroz djelovanje Duha Svetoga.

Oh, kako je sretno Dijete Isus! Nestrpljivo je čekao na ovo i taj dan je konačno stigao! Marija govori svoj DA, i sada On dolazi: evo ga, stigao je! Stavio je svoj šator između nas i kliče u utrobi svoje majke. Prva zapreka je prijeđena i konačno nas može spasiti! Ljubav gori u Njemu!

Navještenje

Dok srcem molim ovu deseticu, dopuštam sebi da me obuzme i natopi Isusova radost; crpit ću radost od samoga Krista, od Isusa kao malenoga embrija. Teško nam je zamisliti dubinu ove stvarnosti. Bog koji postaje čovjekom! On, koji je čisti duh, preuzima našu ljudsku prirodu. Iz obilja ljubavi, želi biti kao jedan od nas, kako bi živio u srcu našeg ranjenog čovječanstva. Ne može se pomiriti s idejom da nas ostavi same i prognane na ovoj zemlji.

Jednako sam svjesna radosti Oca i anđela Gabrijela kada čuju ovaj DA kojem su se tako duboko nadali još od pobune čovjeka u Edenskom vrtu. Osjećajući se sretno i zadovoljno, zatvorim oči. Izmolit ću Zdravo Marijo i Ona će mi otkriti njezino najdragocjenije blago, svoga Sina Isusa! Sada je moje srce u potpunosti sjedinjeno sa srcem Marije. U njezinom naručju dopuštam sebi da postanem ispunjena njezinom nježnošću na veću slavu Božju. Otvaram srce kao nikada prije kako bih dopustila svom blagu da uđe u mene i dopusti mi da ga dijelim.

Sada izmolimo jedan *Oče naš, deset Zdravo Marijo i jedan Slava Ocu.*

DRUGO RADOSNO OTAJSTVO

Pohod

Upravo smo napustili Nazaret i idemo prema malenome selu Ain Karim u kojem žive Elizabeta i Zaharija. Još uvijek sam dijete od tri godine koje drži Blaženu Majku za ruku i ne želi je pustiti nizašto na svijetu. Ta me slika podsjeća na ono što je Majka Terezija u dobi od osamdeset godina ispričala prijatelju: „Kada sam imala pet ili šest godina, radila sam u polju s majkom. Jednog dana napustile smo kuću kako bi otišle u drugo selo koje je malo udaljenije. Držala sam majku za ruku puna povjerenja jer sam bila svjesna da savršeno poznaje put. Najednom, stala je posred ceste i rekla mi ozbiljnim glasom: „Kćeri moja, imaš potpuno povjerenje i osjećaš se sigurna, zar ne? Vjeruješ mi jer znaš da poznajem put i da se sa mnom nikada nećeš izgubiti. Kasnije u životu, kada me više ne bude bilo, učini isto sa svojom nebeskom Majkom, Majkom Božjom! Drži svoju ruku u njezinoj ruci i nemoj pustiti! Ona je ta koja će te voditi i odvesti Isusu u Raj." Majka Terezija je dodala: „Uvijek sam slijedila savjet svoje majke, i danas ne žalim za tim. Gospa me uvijek vodila i nikada me nije napustila!" Što se tiče nas, ako ikada u danu ispustimo Marijinu ruku u bilo koje vrijeme, krunica nam daje savršenu priliku da je ponovno uhvatimo i čvrsto držimo tako da je nikada ne pustimo.

Dok zajedno hodamo, primjećujem da Marija nosi u sebi veliku tajnu. Sam Bog živi u njoj. Majka je tek nekoliko dana. Žuri nakon anđelovog navještenja, ima upravo dovoljno vremena kako bi pronašla karavanu i stigla u Ein Karem, Elizabetino selo. Tako ona hitno odlazi nošena ljubavi.

Što Marija osjeća? Neke su mi žene rekle da su u sebi osjetile radikalnu promjenu u trenutku kada su saznale da su trudne. Prijateljica mi je povjerila da je u prvim mjesecima trudnoće postala puno svjesnija svoga tijela. Ponašala se više zaštitnički prema njemu, pazeći da ne napravi nijedan nagli pokret. Čak i kući osjećala je da njezino tijelo više nije pripadalo samo njoj, nego i malenoj, bespomoćnoj bebi koja raste u njoj. Marija, čista i bezgrešna, bila je još osjetljivija na ovu prisutnost.

Put iz Nazareta prema Ein Karemu je dug. Marija je sigurno proputovala 180 kilometara, a to je više od pet dana putovanja. I ja putujem s njom, vrlo sretna zbog tog izvanrednog iskustva! Nadam se shvatiti veliku tajnu koja je vidljiva dok hoda putem potpuno uronjena u molitvu, u sebe, kao da je ogrnuta mirom.

Činjenica da majka može nositi sićušno ljudsko biće u svojoj utrobi uvijek je bila velika tajna. Danas psiholozi znaju i mogu posvjedočiti: od trenutka začeća, kada se dijete tek nastanilo u majčinoj utrobi, iako je njegovo tijelo majušno, ali njegova duša je u potpunosti već prisutna. „Duša bebe" ne postoji. To dijete već u cijelosti posjeduje „svijest o ljubavi" koja je sastavni dio njegove duše. Duh Sveti je to već potvrdio kroz proroke. Ta „svijest o ljubavi", koja je iznimno osjetljiva, ne ovisi o godištu tijela. Ali kako je dijete upravo došlo iz ruke

Stvoritelja, njegova duša je tako duboka i delikatna glazbena struna: dijete već može jako patiti ili osjećati veliku radost. Zahvaljujući svojoj svijesti o ljubavi, uzima osjećaje svoje majke: bilo da se ona osjeća dobro ili loše, bilo da prihvati život koji nosi ili ga odbaci, bilo da živi svoju ženstvenost na dobar način ili postoji problem u tom području. Dijete je iznimno osjetljivo na duhovan ili emocionalan život. Odmah osjeti je li u malenome tabernakulu u kojem će živjeti devet mjeseci vlada mir ili nemir, ljubav ili mržnja, gorčina ili nježnost, strah i tjeskoba ili spokoj. On čak osjeća i je li prethodna trudnoća bila mirna ili ako je bio pobačaj.

Zasigurno, još uvijek nema dovoljno moždanih ćelija za razmišljanje, ali sve ovo osjeća duboko i puno više nego što možemo zamisliti zahvaljujući osjetu svoje duše! Prema tome, temeljno je da od trenutka u kojem je svjesna toga da je trudna, majka zaštiti dušu svojega djeteta. Dovoljno je da ga prihvati s ljubavlju, govori mu, moli s njim, a posebno da ga već smatra malenom osobom, možda krhkom, ali vrlo stvarnom, da mu pruži svu sreću i ljubav koju treba. Čineći tako, pomaže mu rasti u skladu koji je Stvoritelj stavio u njega i ona radi u korist njegove buduće dobrobiti.

Prema tome, razumijemo koliko je važno da otac i majka zadrže raspoloženje mira u središtu obitelji i njeguju okruženje radosti i mira za vrijeme cijele trudnoće. Maleni embrij vrlo dobro osjeća majčino iščekivanje i njezin entuzijazam prema novom životu koji se razvija u tajnosti!

Sada zastanimo, i još uvijek držeći Mariju za ruku, zamisli prvi dijalog između Marije i njezinog Sina. Kakva nevjerojatna razmjena ljubavi! Bit ćemo s tim upoznati samo u raju! Možemo li ikada obnoviti takav razgovor između majke pune ljubavi i njezinog malenoga koji je sama Ljubav? Kolika tajna!

Kakva veličina! Kakav izvanredni odnos koji je počeo upravo u tom trenutku! A ja, hodajući uz njih, privučena sam tom odnosu. Iskreno sam zabrinuta jer Marija ima poruku za mene. Zaista, osjeća istu majčinsku ljubav prema meni i svakome od nas, istu beskrajnu nježnost za Dijete Isusa. Marija, koja je nosila Dijete Isusa u utrobi, voli svu svoju djecu istom jačinom, ništa manje!

Kao što je rekao sveti Bernard iz Clairvauxa: „Dok smo na zemlji, još uvijek nismo rođeni. Rođeni smo kada uđemo u nebo. Na zemlji nas nosi utroba Majke Božje."

Naše se putovanje nastavlja i konačno stižemo u Zaharijinu kuću. Čujem kako Marija pozdravlja Elizabetu na tako dirljiv način! Elizabetino cijelo biće zadrhti na pozdrav Marije, njezine male rođakinje: val radosti prolazi kroz nju! Ne čisto ljudska radost nekoga tko ugleda ponovno dragog člana obitelji . . . Radost u potpunosti božanska, ista radost koju su apostoli iskusili na dan Duhova, radost koja oslobađa srce i potiče te da hvališ Božje ime. U trenutku Elizabeta je postala proročica. Piše sveti Luka: *„Čim Elizabeta začu Marijin pozdrav, zaigra joj čedo u utrobi. I napuni se Elizabeta Duha Svetoga i povika iz svega glasa: »Blagoslovljena ti među ženama i blagoslovljen plod utrobe tvoje! Ta otkuda meni da mi dođe majka Gospodina mojega? Gledaj samo! Tek što mi do ušiju doprije glas pozdrava tvojega, zaigra mi od radosti čedo u utrobi. Blažena ti što povjerova da će se ispuniti što ti je rečeno od Gospodina!"* (Lk 1: 41-44)

Ali tko je, preko Marijinog pozdrava, prvi primio Duha Svetoga? Elizabeta ili njezino dijete? Ti to znaš, zar ne? To je bio maleni Ivan! Ali kako je on mogao osjetiti prisutnost Boga prije njegove majke? U Elizabetinoj utrobi, ništa nije vidio ni čuo . . . Ali znao je! Vibrirala je antena njegove svijesti o ljubavi! Kako prekrasna potvrda te prekrasne antene najmanjih koja im omogućuje da prihvate Duha Svetoga prije nego mi „odrasli"! Koliko bismo trebali poštovati ove malene, Bogu dragocjene, kojima prvima pripada Kraljevstvo Božje! Sveta Elizabeta i njezin sin su od toga dana bili ispunjeni Duhom Svetim. Ivanova majka, ona koja nosi najvećeg od svih proroka i Glas koji će vikati u pustinji, bila je prva koja je izgovorila riječi drugog dijela Zdravomarije koji i mi izgovaramo. To je moć Marijinog posjeta koja je nosila Isusa u utrobi Elizabeti! Marija nam uvijek donosi Isusa i s Njim božansku radost!

Za vrijeme ove desetice, koju ću moliti svim svojim srcem, dopustit ću sebi da me preplavi ova neizmjerna majčinska ljubav koja me obavija. Što će mi se dogoditi? Možda sam bila ranjena u majčinoj utrobi jer sam osmo, možda čak i deseto dijete ili je možda moja majka bila bolesna kada me začela te je mrmljala: „Oh ne, sada nije pravo vrijeme!" Moguće je da ju je moj otac tukao ili je ostavio bez traga ili su financijske okolnosti moje majke bile užasne... Ukratko, moj dolazak nije bio pogodan te je možda mislila pobaciti me. Ne želim nabrojati sve moguće scenarije, ali razmislimo o tome: ako majka ne razumije veliki dar života, kakve će biti posljedice za dijete? Patit će zbog majčinog odbijanja i zaključit će da ovaj život ne vrijedi puno. Osjetit će rizik da bude izbačen iz svog malog, skrivenog mjesta kao nešto što ne bi trebalo biti ondje. Osjetit će da je njegova prisutnost pogreška te će imati duboku ranu.

Mislimo na ovog malenoga koji ima samo svoju majku da ga brani u ovom razdoblju njegovog postojanja i koliko je samo treba! To bih mogla biti ja, to dijete traumatizirano nedostatkom ljubavi ili odbijanjem! Možda se moja majka bojala i njezina me tjeskoba preplavila. Zato sam pronašla zaklon u kutku malenoga tabernakula bez želje da vidim dan, više voleći da umrem i nikada se ne rodim. Bilo bi neizbježno da ova trauma od koje nemam svjesnog pamćenja, ima posljedice u mome odraslome životu. Na primjer, nemogućnost da s drugima ostvarim normalan odnos, homoseksualnost, duboko ukorijenjeni strah da neću ničemu pridonijeti, odbijanje hrane ili kompulzivno jedenje, strah od budućnosti, psihološki problemi, problemi u školi, niz neuspjeha, strah od ženidbe ili čak seksualni poremećaji koji snažno pogađaju ovu generaciju. Jer Bog je ljubav i On je život. U Njemu ova dva atributa spajaju se u jednu stvarnost. Sada je moja majka izabrana da sudjeluje u mome stvaranju—ona je sustvaratelj s mojim Stvarateljem. Ako mi daje život, a ne daje mi ljubav, uzrokuje duboku ranu u meni.

Ali povjerit ću Mariji svoj odnos s mojom zemaljskom majkom. Mogu joj prikazati sve što sam iskusila. Iz njezinih ruku prihvatit ću sve i priglit će me kao što je prigrlila Elizabetu i njezino dijete! Marija će biti jako sretna da mi nadoknadi sve što mi nedostaje, sve što nisam imala! Izliječit će me od frustracije. Zapravo, ona može smiriti, umiriti i ublažiti svu patnju i nasilje koju je netko pretrpio! To je moć Marijinog posjeta.

U Međugorju, rekla nam je tajnu našeg unutarnjeg iscjeljenja: „Draga djeco, kao što sam nosila u utrobi svoga Sina Isusa, tako želim nositi svakoga od vas na putu prema svetosti." Također je rekla Jeleninoj molitvenoj skupini: „Draga djeco, volim svakoga od vas kao što volim moga sina Isusa." Nevjerojatno! Dakle, za mene ništa nije izgubljeno, još uvijek mogu upoznati tu majčinsku ljubav za kojom sam oduvijek žarko čeznula. Marija mi daje svu svoju majčinsku nježnost koju je imala za malenoga Isusa, ništa manje! Takva čista nježnost bez navezanosti u potpunosti će me izliječiti. Posebnost Majke Božje je u tome što ispunjava prazninu u mome srcu zbog koje duboko patim; da me izliječi od frustracija koje mi je Zli ubrizgao u mene kako bi maknuo malo mira koje imam. Zapravo, Zli je „uistinu frustriran", kako je govorila sveta Terezija, i želi ubrizgati u nas svoj smrtonosni otrov.

Možda sam bila žrtva nedostatka ljubavi i pažnje u djetinjstvu, ali je li moguće da i ja nisam pokazala ljubav mojoj vlastitoj djeci? Možda sam ih pobacila ili pomogla drugoj majci da pobaci ili popustila pred ucjenama oca djeteta koji je odbio život. Moguće je da sam prisilila kćer na pobačaj govoreći: „Ti imaš samo četrnaest godina. Premlada si za dijete i ne želimo nikakve probleme u obitelji . . . " Čak ako mlada majka i nije htjela ubiti dijete, roditeljski pritisak natjerao ju je da se preda. Naravno, govorim i o očevima.

Dopustit ću sebi iscjeljenje dan po dan i to će donijeti veliku radost mojoj nebeskoj Majci. Došla mi je s jedinim ciljem da mi da svoga Sina koji briše grijeh i spašava, kao što je to ona učinila posjetivši Elizabetu. S Marijom, slavit ću i veličati Boga, Svevišnjega, jer je učinio velika djela u mome životu. Također sam blagoslovljena jer me Isus spasio i bit ću s Njim zauvijek.

Kroz ovu deseticu, zatvorit ću oči i ponovno postati maleno dijete. Dopustit ću mojoj nebeskoj Majci da učini čudo, da me posjeti u najtajnovitijoj dubini moga bića. Ovdje ću predložiti molitvu Djetetu Isusu, skrivenom u utrobi Marije.

O DRAGO DJETEŠCE ISUSE, sklupčano u utrobi svoje Bezgrešne Majke, dolazim te posjetiti. Imam potrebu tebi govoriti. Prije svega reći ti koliko sam zadivljena što je sam Bog uzeo naše tijelo, tako krhko i ranjivo. Vrtoglavo si skočio iz nebeskih divota gdje si živio sa Ocem kako bi se spojio s našom tako jadnom vrstom i uzeo s nama sve boli . . . Zbog toga ti se duboko klanjam! Kako da te ne volim? Kako da te beskrajno ne volim u tom stanju zigote, embrija, nerođenog djeteta, i prije nego pokažeš svoje lice u siromašnoj štali u Betlehemu! Da, volim te jer si to učinio iz čiste ljubavi prema meni, prema mojoj obitelji, prema cijelom čovječanstvu. Došao si u naše prljavo blato kako bi nas spasio, podignuo nas prema sebi i dopustio nam da dijelimo s tobom radosti vječnoga života u tvojoj prisutnosti. Samo si ti Isuse, mogao zamisliti takvu ludost! Ali nisi nas prestao iznenađivati.

Isuse, znaš, moj posjet je malo koristoljubiv, nemoj biti iznenađen! Danas, majušna bića kao ti, ima ih na milijune koji se skrivaju u utrobi majke. Oni su tvoja blaga, Isuse! Njihovi anđeli na nebu promatraju bez prestanka lice tvoga Oca koji je na nebesima. Ne može se naći nevinije od njih na zemlji. Znaš, Isuse, svi su primili dar života, ali nisu svi primili dar ljubavi. Neki radosno plivaju osjećajući ljubav svoje majke, ali drugi se pitaju što tamo rade jer osjećaju odbijanje. Isuse, Ti si Život i Ljubav. Molim te, sve ih posjeti! Posjeti malene koji kliču osjećajući se voljenima i također posjeti druge koji pate jer su primili život bez ljubavi. Ti si tako malen da ih tvoje približavanje neće prestrašiti, naprotiv! Dođi ih pronaći tamo gdje se nalaze, u tim krhkim svetohraništima ljudskog života gdje polako rastu. Ti si iste veličine kao i oni, kao njihov božanski blizanac! Zahvaljujući tim osjetljivim, vanjskim antenama koje im daje njihova nevinost, pažljivo osluškuju srce svojih majki kao i srce svoga Stvoritelja. Okoristi se time, Isuse! Reci im kako su ti neizmjerno dragocjeni, koliko u njima prepoznaješ vlastitu sliku, koliko čezneš za time da ih vidiš kako rastu kako bi u potpunosti postali ono što jesu u tvojem planu ljubavi za njih!

Pohod

Oni će biti biti prirodno ili nasilno izvučeni iz njihovog skromnog skrovišta. O nježni Isuse, poslušaj njihov tjeskobni krik i izlij u njih svoju neizmjernu ljubav! Izliječi njihovu ranu! Neka im bude po tvojoj riječi, Isuse: „Oče, hoću da i oni koje si mi dao budu gdje sam ja!" Neka ta bujica ljubavi okruži srce onoga ili one koji su izabrali izgubiti ih kako bi se bacili u tvoj milosrdni naručaj.

O majušni Isuse skriven u Mariji, kako da ti zahvalim na tome što si me posjetio u utrobi majke kada me je s ocem posvetila tvome Presvetome Srcu i bezgrešnom Srcu Marijinu! Daj da svi roditelji učine isto, udalji od njih vukove koji žele ukrasti i proždrijeti djecu čovječju! O majušni Isuse skriven u Mariji, poslušaj moju siromašnu molitvu za one tebi slične!

Božiću, dođi, rodi se u mome srcu, ono vene za tobom, nada ti se i iščekuje te u noći kao što straža čeka zoru! Maranatha!"

Sada izmolimo *jedan Oče naš, 10 Zdravo Marijo i jedan Slava Ocu.*

TREĆE RADOSNO OTAJSTVO

Rođenje Isusovo u Betlehemu

Još sam uvijek to maleno dijete i nisam otišla od Marije niti na sekundu! Upravo sada smo u betlehemskoj štalici. Bila bih tužna sjedeći u ovom jadnom skloništu, hladnom i mračnom, da nisam privučena neobičnim fenomenom: dijete Isus spava u životinjskoj štali! Kada si malen i okružen divovima, jako si sretan kada napokon otkriješ nekoga manjega od sebe. Približim se i s velikim čuđenjem ugledam maleno, novorođeno dijete u jaslama. Ne može ni hodati ni govoriti, za razliku od mene, velike trogodišnjakinje! Pogledam tu obitelj u kojoj je neizmjerna ljubav. Učinila sam dobro što sam dala ruku Mariji, hvala Bogu! Evo me sada u prisutnosti novorođene bebe i njegovog oca i majke. Pronašla sam svoju obitelj! U ovoj štali vlada tako snažna ljubav da sotona nikada nije mogao ovdje prići ni korak, nikada nije mogao ući u svetu obitelj: ljubav je u njoj toliko snažna! Promotrimo članove ove tako dirljive obitelji: Josip Pravednik, pun nježnosti koji umire od ljubavi prema Mariji; Marija, Bezgrješno Začeće, bez tračka sebičnosti, koja umire od ljubavi prema Isusu; Bog Dijete, sama Ljubav, koji umire od ljubavi prema svijetu. Na trenutak zamislimo kolika ih vatra ljubavi i nježnosti ujedinjuje! U Međugorju Gospa poziva naše obitelji da postanemo kao obitelj u Betlehemu. Ona kaže:

„Kako smo bili sretni, draga djeco, kada je moj Sin bio rođen! Neka vaše obitelji također budu sretne kao što smo i mi to bili u štalici!" (Molitvenoj grupi, 14. prosinca 1991.)

Izgovarajući ovu deseticu, usredotočit ću svoj pogled na Dijete Isusa, na njegovu svetu Majku i na svetog Josipa te ću dopustiti da me preobrazi tom snagom ljubavi! Otvorimo svoja srca novorođenom Isusu:

Molitva novorođenom Djetetu Isusu

O dijete Isuse, volim te! Promatram te i vidim te tako malenog, tako nevinog, tako ranjivog. Ali ti si moj Gospodin i moj Bog! Zajedno s Marijom, Josipom i pastirima iz Betlehema, također ti se i ja dolazim klanjati. Neka moje srce postane tvoje jaslice; dođi, živi u meni!

Maleni Isuse, Herod te htio ubiti, iako si nas došao spasiti. Kroz život spasi me od svakoga grijeha i svakog čina koji bi te mogao uvrijediti. Ispuni moju dušu ljubavlju i božanskim mirom kojem toliko težim.

Oh, tako bih te voljela primiti u naručje kao i tvoja Majka Marija, i prekriti te s nježnim poljupcima! Smrzavaš se u betlehemskoj zimi: želim da te ugriju pjesme moje duše. Neka se svaki čin tajne ljubavi pretvori u malo slame kako bi ti bilo udobnije i toplije.

Zaštiti me od sotone; nemoj dopustiti da sije mržnju i razdor u mojoj obitelji. Dođi, ponovno stvori ljubav među nama. Tvoja nevinost uništava zlo!

Vapim ti, Dijete Isuse, povij rane moga srca i izliječi moje bolesti.

Maleni božanski pastiru, neka tvoj blagoslov bude nad nama! Vodi nas na putu spasenja!

Rođenje Isusovo u Betlehemu

U ovome trenutku, blažena Majka pogađa moju želju: vidi da sam neodoljivo privučena Djetetu. Tako ga ona uzima u naručje, ljubi ga i, na moje veliko iznenađenje, polaže ga na moje malene, ispružene ruke; daje mi svoje Dijete! Stavljam na srce Dijete Isusa, novorođenoga i promatram ga. Ona mi ga je dala; ona mi ga ne posuđuje! Donijela ga je na svijet za mene, kako bi mi ga dala kao moga Spasitelja; zaista mi ga daje. U Međugorju, u božićnoj poruci, govori nam: „Draga djeco, danas sam došla s mojim Sinom kako bi vas On mogao blagosloviti," i u drugoj poruci: „Draga djeco, stavite malenoga Isusa, novorođeno dijete, na prvo mjesto u svome životu i vodit će vas na putu spasenja." (25. PROSINCA 1999.) Ona nam ga daje kako bismo ga prvo stavili u svoja srce.

Dok molim ovu deseticu Isusovog rođenja, držat ću dijete Isusa čvrsto na srcu tako da primim veliko iscjeljenje. Ako je istina da postanemo ono što promatramo, tada promatrajući novorođenog Isusa, što ću primiti? Svu njegovu nevinost! Dok je na mome srcu, može mi prenijeti svoj djetinji duh; gdje sam nečista, komplicirana ili previše racionalna, moje srce će se ispuniti ljubavlju, nevinošću, ljepotom jer će to biti On, Dijete Isus, koji će mi dati ta blaga.

Ali na što Marija misli kada nas poziva da ga stavimo na prvo mjesto u našem životu?

Prvo, moram ga zaštiti kao što bi ga zaštitili otac i majka. Kada si se vratila iz bolnice sa svojim novorođenim djetetom, zar nisi sve preokrenula naglavačke u kući i promijenila svoje loše navike? Nema više vikanja, lupanja vratima i svađanja. To je bilo zamijenjeno s nježnosti i mirom . . . Zar nije dijete postalo središte tvojih misli? Svaka majka u sebi ima malenoga anđela čuvara koji se pita: „Što moj maleni sada treba?" S tako malenim i tako ranjivim djetetom, zar nisu njegove potrebe postale tvoj prioritet?

To blagoslovljena Majka želi da učinimo s njezinim Sinom, Isusom! Ona zna ako nam ga povjeri kao novorođenče, morat ćemo ga uzeti u naručje, nositi ga sa sobom i bdjeti nad njim jer je beba bespomoćna bez nas. Prema tome, postat će nam prioritet i organizirat ćemo život prema njegovim potrebama. Marija mi ga povjerava tako da On živi sa mnom, i moj će život biti preobražen!

Preklinjem te, brini se za Dijete Isusa u svome naručju, brini se za njega cijeli život, ne samo za vrijeme ove desetice. Pritisni ga uz srce i upitaj se: što On sada treba, moj maleni Isus? Novorođenče treba tri stvari: 1) Mlijeko. Je li gladan? Prema tome, nahranit ću siromahe jer dajući hranu potrebitima, hranim i samoga Isusa. 2) Ljubav. Dakle, pokušat ću dati ljubav svima onima oko sebe jer *„što god učinite jednome od ovih najmanjih, meni ste učinili"* (Mt 25, 40) govori nam Isus. 3) Glas njegove majke. Ovaj jednostavan, nježan glas pomaže mu osjećati kako pripada obitelji, skupini kako se ne bi osjećao sam i napušten. Ovaj glas mu daje osjećaj sigurnosti u njegovoj bespomoćnosti. To je glas majke koji ga oblikuje. Majka ponavlja iste stvari i ovo redovno ponavljanje dat će mu dublju unutarnju sigurnost. Malo pomalo će ga odgajati i pomoći mu u rastu. Kako da čuje moj glas? Kroz molitvu! Počet ću moliti jer moliti znači voljeti Dijete Isusa davajući mu pažnju koju treba, vrijeme, osmijeh, zagrljaj za kojim čezne.

Novorođenče također trebaju milovati nježne ruke i treba osjećati majčinsku toplinu koja mu prolazi po licu, treba biti dotaknut dok sluša ove nježne majčine riječi! Kako mogu milovati Dijete Isusa? Odlazeći do siromaha koji me trebaju, brinući se za one koji nemaju snage niti da mole . . .

Marija nam govori: „Vodit će vas na putu spasenja." On, Novorođeni, naš je vođa! Toliko ga želimo voljeti! Ali nije dovoljno reći: „Oh, kako si sladak i dragocjen! Kako si prekrasan! Kako te volim!" jer su čak i pogani tako govorili. Moramo ga voljeti božanskom ljubavlju, onom ljubavlju za kakvom čezne. Ali kako ga možemo božanski voljeti? U Pismu Isus nam daje definiciju onoga koji ga zaista voli . . . „*Onaj koji me ljubi, čuvat će moje zapovijedi.* " (Iv 14, 21)

S obzirom da je On naš vođa, samo ga moramo slijediti. Na primjer, ako trebamo nešto izabrati ili donijeti neku odluku, umjesto da se savjetujemo s prijateljima, čak i astrolozima, vidovnjacima ili drugim sličnim ljudima, ujedinimo srca sa Isusom i upitajmo ga: „Dijete Isuse, koja je Tvoja volja u ovoj situaciji? Što ti misliš o tome? Koji je tvoj plan?" Vjeruj mi, kroz duboku molitvu, odgovorit će ti!

Marija nam govori: „Draga djeco, na poseban način vas pozivam: molite! Samo kroz molitvu moći ćete pobijediti svoju volju i otkriti Božju volju, čak i u najmanjim stvarima." (25. OŽUJKA 1998.)

Prorok Izaija je rekao: „*Djetešce će ih voditi.* " (Iz 11,6) Danas je teško pronaći dobre duhovnike pa zašto ne bi Dijete Isus bio naš vođa? To Gospa traži od nas u Međugorju. Ne kažem da će nam poslati poruku preko WhatsAppa ili na e-mail, ne! Ne bismo trebali očekivati da čujemo njegov glas, ali koje god bilo naše pitanje, ako uistinu želimo ispuniti Njegovu volju, On sam će, na tajanstven način, upravljati naše duše i um u pravome smjeru, prema Njegovoj volji. Njegova najveća želja za nas je da dođemo u nebo! Otvorimo se Njegovom djetinjem duhu, Njegovoj nježnosti i nevinosti. Tada ćemo dopustiti sebi da budemo prosvijetljeni Njegovim prisutstvom! Jeste li primijetili da čak i najtvrđi muškarci postanu blagi i nježni kada prime novorođenče na ruke?

Želiš li se svidjeti Isusu? Za vrijeme ove desetice, šapni mu ove riječi i bit će oduševljen:

Djetešce Isuse, odsada ćeš ti biti moj vođa! Kada trebam donijeti odluku, savjetovat ću se samo s Tobom! Obećavam ti da ću te od danas slijediti, slijediti tvoje stope, podrediti se Tvojim nadahnućima. Volim te i nikada te više neću napustiti! Zauvijek ću ostati u Tvome zagrljaju! Djetešce Isuse, trebam Te! Ti si moja mala, betlehemska zvijezda!

Sada izmolimo *jedan Oče naš, deset Zdravo Marijo i jedan Slava Ocu.*

ČETVRTO RADOSNO OTAJSTVO

Prikazanje Isusa u hramu

Jeste li primijetili da u svakoj desetici primamo predivne darove od Boga? Zaista, svaka desetica nam donosi nove milosti i Bog nam ih radosno daruje! Koji nam, dakle, dar Bog čuva u ovoj desetici? Prije nego otkrijemo, želim vam to još jednom ponoviti: kada uzmemo krunicu iz džepa, hoće li to biti na jedan trenutak i mislimo li da to nije samo jedan obični predmet, ali je uistinu ruka svete Djevice koju držimo. Uzmimo je za ruku i bdijmo kako je nikada ne bismo napustili! Uzimam krunicu, dakle prianjam uz Mariju! Nastavljamo put sa svetom obitelji i iz Betlehema idemo prema Jeruzalemu. Evo nas pred hramom. Kakva veličanstvenost! Promatram svetu Djevicu koja se približava Josipu kako bi stavio dijete na žrtvenik. Pažljivo promatram tu scenu i što vidim? Marija prikazuje svoga Sina Bogu Ocu. Još vrlo mlada, Marija je primila dar toga djeteta te je mogla reći: „To je moj Sin, to je dar koji mi je Bog poklonio!" Ipak, kako je Abraham stavio Izaka na žrtvenik (TO JE DIJETE TAKOĐER BILO VELIKI BOŽJI DAR), tako Marija polaže svoje Dijete na oltar. Ali, u ovom slučaju neće doći anđeo kako bi spriječio žrtvovanje nevinoga. Ovdje, žrtva Božjega Sina i Marije ići će do kraja, a žrtvovanje Abrahama i Izaka bila je samo slika Isusove žrtve!

Marija to zna. . . U toj jednostavnoj gesti stavljanja Djeteta na žrtvenik, Marija dopušta nazirati svoju istinsku ljubav prema Isusu. Voli svoje dijete božanskom ljubavlju i zbog toga predat će se u potpunosti u njegovu službu kako bi on mogao ostvariti u cijelosti svoje poslanje Spasitelja svijeta. Iz ljubavi, žrtvovat će se za Isusa. Dijete koje nosi u hram pozvano je postati—i to već jest—Otkupitelj svijeta!

A ja, ja sam zadivljena Marijinom čistoćom i ozbiljnosti; ona me gleda, potom me poziva da se približim. Sada sam pokraj žrtvenika i svim srcem upijam njezinu poruku. Iz njezine svečane geste, učim što znači voljeti nekoga božanskom ljubavlju. Za mene je taj trenutak ključan. U Međugorju nam Marija govori: „Draga djeco, neka ljubav pobjedi u svima vama! Ne ljudska ljubav, već božanska ljubav!" (20 STUDENOG 1986.)

Božanska ljubav je požrtvovna, pretpostavlja darivanje samoga sebe, traži dobro drugoga, najveće dobro koje mu je namijenjeno! Marija neće čuvati svoga Sina samo za sebe, kao što su mnoge mame u napasti to učiniti. Prikazanje Sina Ocu pokazuje da je Marija u potpunosti u službi Božjeg plana za Onoga kojega voli: to je božanska ljubav!

Spremna je, ići će do kraja pod svaku cijenu. Marija, Prijestolje Mudrosti, poznavala je Pisma, bila je svjesna patnji trpećeg Sluge koje su opisane u Izaiji. Bog, u svojoj neizmjernoj dobroti, želi da svaka naša žrtva bude u potpunosti slobodna; zato šalje Šimuna i Mariju kako bi rekli Ani da će to Dijete trebati ispuniti velike stvari, neizmjerno poslanje u kojem će ga Ona trebati podržati i pratiti znajući da On neće primiti niti čast niti zahvalnost, nego užasne patnje, *„a tebi će samoj mač probosti dušu* (Lk 2, 35). Marija prikazuje svoga Sina u potpunoj spoznaji i ona također samu sebe prikazuje! Voljeti na božanski način, to također znači „*položiti svoj život*", potvrđuje Isus (Iv 15, 13). U tome nam Marija daje dobar primjer.

Naša ljubav je često usmjerena posebno prema jednoj osobi: djetetu, mužu, supruzi, zaručnici, ili nekom drugom; postoji netko koga volim više nego druge ljude. Sada, šapnut ću njegovo ime svetoj Djevici te, pokraj Marije i Josipa, stavit ću tu osobu na oltar pokraj Djeteta Isusa. Zamolit ću Mariju milost kako bih ljubila to biće na božanski način, a ne samo ljudski! Dobro znamo što to znači kada nas netko privuče. I sami pogani su osjećali ovakve privlačnosti prema sebi sličnima. Sjećam se odlomka iz evanđelja koji se rijetko čuje u crkvi: „*Svaki nasad koji ne posadi Otac moj nebeski iskorijenit će se.*" (Mt 15,13) Što to znači? Jednostavno to da sve što dolazi od tijela, od našeg zemaljskog stanja, čak i najboljeg, neće ući u Kraljevstvo nebesko ako ne bude preobraženo i pobožanstvenjeno Božjom milošću.

Zasigurno, Bog je stvorio prirodu i ne treba je prezirati. Ne možemo promicati zakone protiv prirode, protiv stvorenoga. Stvorenje je prekrasno, ali ipak treba biti preobraženo. Marija je već posjedovala tu božansku ljubav u trenutku Navještenja. Mi trebamo neko vrijeme kako bismo naučili voljeti kako Bog voli. Volim na ljudski način kada me netko privlači, kada se osjećam dobro u njegovom društvu, kada mi ta osoba donosi nešto; ta vrsta ljubavi je vrlo naravna, zapravo tjelesna. Ali, središte takvog osjećaja sam ja! Taj osjećaj zasigurno nije grijeh, ali neće ući u Kraljevstvo nebesko! Nasuprot tome, kada iznad svega tražim sreću osobe koju volim, kada želim svetost za nju i kada činim sve što je moguće kako bi ostvarila Božji plan u životu te osobe, tada je moja ljubav božanska! Središte te ljubavi je druga osoba.

Ako je osoba koju najviše volim moje dijete, tada ću mu pomoći da postane svetac surađujući s Marijom. Takav je Božji plan za njega, i želi da ja surađujem s Njim jer mi u svojoj velikoj dobroti, Bog vjeruje. Ili pretpostavimo da sam udana žena koja je jako zaljubljena u svoga muža. Morat ću učiniti sve što je u mojoj moći kako bi postao svetac, žrtvujući sebe kako bih postigla taj cilj za vrijeme cijelog našeg bračnog života. Isto je i među zaručnicima. Mladić će reći: „Oh, kako je lijepa, to je idealna žena koju sam čekao, imat ćemo djecu, kupit ćemo lijepu kuću, imat ću dobar posao kako mojoj obitelji ništa ne bi nedostajalo. . ." Takva su razmišljanja dobra, ali ljudska! S Marijinom pomoći, naučit ću govoriti: „Gospodine, posluži se sa mnom kako bi moj supružnik bio svet i kako bismo oblikovali zajedno svetu obitelj." To je jedina ljubav koja traje zauvijek. Koliko vremena traju čisto ljudske ljubavi u današnje vrijeme? Više nego ikada vidimo kako brzo završavaju i nestaju.

Vratimo se Marijinim riječima: „Draga djeco, najprije počnite ljubiti svoju obitelj, sve u župi, i tada ćete biti sposobni ljubiti i prihvaćati sve koji dolaze ovamo." (13. PROSINCA 1984.)

Sada se pomolimo kako bi za vrijeme ove desetice božanska ljubav Duha Svetoga zapalila naša srca i preobrazila ih.

Izmolimo jedan *Oče naš*, deset *Zdravo Marijo* i jedan *Slava Ocu*

PETO RADOSNO OTAJSTVO

Pronalazak Djeteta Isusa u hramu

Nastavimo naše putovanje, ali ovaj put ne moramo ići daleko jer smo ponovno u jeruzalemskom hramu. Isus ima otprilike 12 godina kada su ga roditelji tamo pronašli nakon tjeskobne potrage koja je trajala tri dana (Lk 2,41-52). Što se mene tiče, nikada nisam pustila Marijinu ruku i mogla sam osjetiti njezinu zabrinutost! Marija nije samo izgubila jedinoga sina—što bi svakoj majci prouzrokovalo duboku agoniju—ali ona je također izgubila svoga Boga! Teško je zamisliti bol Blažene Majke koju je iskusila u ovim okolnostima! Grčka riječ za „tjeskobu" koja se koristi u evanđelju kako bi opisali Josipovu i Marijinu tugu, ista je kojom je opisana Isusova tjeskoba u Getsemanskom vrtu.

Tri dana i tri noći uzaludnog traganja; toliko proputovanih milja kako bi proučili svaki kutak njihovog puta i nisu ga mogli pronaći! Čini se da su ove riječi iz Pjesme nad pjesmama napisane upravo za taj trenutak:

„Otvorih dragome svome,
ali on se već bijaše udaljio i nestao.
Ostala sam bez daha kad je otišao.

*Tražila sam ga, ali ga nisam našla,
zvala sam, ali nije se odazvao."*

Kada su se Josip i Marija vratili u hram i pogledali između dvoje bradatih učitelja, koga su vidjeli? Malenu, smeđu i kovrčavu glavu dragoga Isusa! Bio je živ! Uistinu je bio tamo! Činio joj se kao da se iznova rodio, ali na potpuno drugačiji način. U tom hramu anđeli nisu pjevali slavu Bogu, nije bilo pastira: nije bilo kraljeva vođenih zvijezdom; nije bilo čudesa; jedini koji su bili prisutni su Josip i Marija koji su znali pravi identitet tog mladog adolescenta. Bili su sami među mnoštvom koje ih je znatiželjno promatralo i osuđivalo jer su izgubili sina; sami s kamenjem tog hrama, i nije bilo anđela da im objasni značenje ta tri dana provedena u tjeskobi. Tog dana Marija, koja nije nikada poznavala bol rađanja, upravo je porodila Mesiju. Tjeskoba i duhovna noć duše koju je tada propatila doprinijeli su da joj srce bude otvoreno na potpuno nov i izvanredan način.

Kada patnja pogodi naša srca, što naš nježni Bog Otac čini? Ako prihvatimo i prikažemo patnju, On otvara naša srca, povećava naš kapacitet da volimo i osposobljava nas kako bismo mogli primiti božansku ljubav. Sjeti se svetaca koji su već u raju ili onih koji su strašno propatili za vrijeme života i koji sjaje ljubavlju! Naš kapacitet da volimo raste kada patimo! Zato sve dobivamo blagoslivljajući Gospodina za patnju koju smo iskusili i, ako to još uvijek nismo učinili, prikažimo mu je upravo sada kako bi nas On mogao posvetiti.

Za vrijeme tih tužnih tri dana i tri noći, Bog je pripremio Mariju kako bi prihvatila Isusa u novome svjetlu! Ali, što je toliko novo u tome? Isus je rekao: *"Zašto ste me tražili? Niste li znali da mi je biti u onome što je Oca mojega?"* (Lk 2,49) To se promijenilo: priroda odnosa između Isusa i Njegovih roditelja više nikada neće biti ista. Isus, kojeg je u hram privukao Duh Sveti, ostavlja toplinu i potporu roditelja i postaje u potpunosti svjestan Njegove misije kao Otkupitelja. U dobi od dvanaest godina, kada dječaci postaju odrasle osobe u Izraelu, Isusova ljudska duša u potpunosti je u skladu sa Očevim planom. Isus sve napušta za Oca. Poslije će potvrditi: *„Jelo je moje vršiti volju onoga koji me posla i dovršiti djelo njegovo."* (Iv 4,34) Od tog trenutka, riješeno je! Ali kakva cijena za to! U svome srcu Isus osjeća patnju koju je prouzrokovao svojim roditeljima koje tako nježno voli.

S druge strane, Marija shvaća da joj se Sin promijenio i da je ušao u novo poglavlje u životu. Morala je proći kroz ovu patnju kako bi bila sposobna prihvatiti ovu novu Isusovu stranu. U tom trenutku, Otac im se otkriva sve jasnije. Marija shvaća da je kroz ovo odvajanje Otac već priprema za trenutak kada će pustiti svoga Sina. Ona zasigurno ostaje Njegova majka, ali od tog trenutka, Nebeski Otac će podučavati Isusa svemu te će ga voditi. Ona, zajedno sa svojim Sinom, bit će podložna Očevom planu. Kada je Isus napunio dvanaest godina, njezin je majčinski autoritet umanjen: počelo je Očevo vrijeme! No, što je s Josipom? Što je mislio kada je čuo Isusa kako govori o Očevom poslu? Kao i Marija, kroz ovu tjeskobnu kušnju, i on se priprema na odvajanje kako bi se mogao prilagoditi ovoj novoj dimenziji života svojega Sina. To je kušnja koja ga čini još poniznijim!

Kako prepričava sveti Luka, *„Dijete im bijaše poslušno."* (Lk 2,51) Od tada, bilo je kao da Marija ima drugoga Sina. Kada su se vratili u Nazaret, držala ga je na svome srcu i ponizno se molila. Čak i danas, kao i u Betlehemu, suočavajući se s ovom velikom tajnom koja je samo djelomično otkrivena i nije u potpunosti shvaćena, brižno čuva sve ove uspomene u svome srcu!

S ovim misterijem, i ja sam kao i Marija u šoku. U životu ponekad osjećam prazninu, odsutnost, kao crna rupa! U Međugorju, Marija je svjesna ovoga i govori nam: „Draga djeco, u vama je praznina; ne pristajte uz te praznine!" Odlazi tako daleko da nam potvrđuje: „Draga djeco, vaša srca su tvrda i prazna." Jesmo li mi sada u tom stanju? Tko među nama nije iskusio ove praznine, te čeznutljive praznine zbog kojih možda još uvijek patimo? Tko među nama nije nikada imao ranu iz ljubavi, unutarnju paralizu koja nas spriječava da budemo radosni, da slavimo i klanjamo se Bogu, da spoznamo kako prihvatiti priliku i iskusiti mir?

Kakav smo dar dobili u otajstvu pronalaska Djeteta Isusa u hramu. Marija je morala proći kroz tri dana napuštenosti kako bi mogla sebi dopustiti da bude ponovno preplavljena Isusovim prisutstvom. Nije ga izgubila u svome srcu, ali nije ga imala sa sobom; fizički nije bio tu. I tada, odjednom, bio je tu! Isus je došao u to vrijeme kako bi prigrlio uznemireno srce svoje Majke koja je bila slomljena zbog svoga gubitka.

I sve ovo će se ponovno dogoditi za nju! Nekoliko godina kasnije, Marija će skoro umrijeti od boli suočena sa smrću svoga Sina. Njezina ga je duša nastavila tražiti, ali ipak je morala pretrpjeti još tri dana muke do uskrsnuća! Sve se to čini kao isprobavanje haljine za bol srca za ta tri dana u grobu. Ali čak i tada, vidjet će ga promijenjenog. Njoj se ukazao kao pobjednik u svjetlosti. U Međugorju Marija nam govori: „Draga djeco, uskrsnuće se uvijek događa." Ona je to iskusila!

Kroz ovu deseticu, držeći Mariju za ruku, dopustit ću da njezina rijeka ljubavi prema Isusu teče u meni. Otvorit ću svoje srce širom Bogu kako bi mogao doći tu živjeti i dopustiti

Pronalazak Djeteta Isusa u hramu

mi da ga dovedem ponovno kući kao što su to učinili Josip i Marija. Odlaze s njim i „bijaše im poslušan". Od danas ići ću s njima bez osjećaja praznine ili frustriranosti. Isus i Duh Sveti bit će u meni. Postat ću kao Marija, živi tabernakul.

Sada ću zatvoriti oči i na poseban način ću misliti na milijune braće i sestara koji pate zbog praznine, muči ih crna rupa koja ih pritišće u dubinama njihovih duša, praznina za koju se čini da ne mogu ispuniti. „Mnogi mladi traže sreću na mjestima gdje je gube," govori nam Marija. Ipak, ti mladi su stvoreni u ljubavi i za ljubav; kako mogu zadovoljiti svoju veliku sposobnost za ljubavlju? Očarani su fatamorganama ovoga svijeta. Mnogi zadovoljavaju svoju unutarnju prazninu s glazbom koja im preplavljuje uši i zaglušuje dušu, s drogom, alkoholom, štetnim igrama ili čak i seksualnim nastranostima. Roditelji više ne znaju što im djeca čine. Jadne duše traže bilo što kako bi ispunile prazninu, ali pronalaze samo dublje, mračnije unutarnje ponore. Samo ih Bog može ispuniti. Sotona, koji je uvijek spreman okoristiti se ovom prazninom, slobodan je djelovati. Njegov zadatak je lagan jer općenito govoreći, njegove mete su duše koje nemaju zaštitu sakramenata. Djeluje, šteti, uništava, koristi ucjenu i čini svoje žrtve robovima dok ih ne gurne u očaj; neki čak i sklapaju ugovor sa sotonom! Mnogi radije žele umrijeti jer vjeruju da će se tek tada osloboditi od ove praznine.

Za vrijeme ove desetice, razmišljat ću o njima, ovim mladima i onima koji nisu toliko mladi te ću biti kao Marija, neumorna majka, koja je putovala mnogo kilometara kako bi pronašla izgubljenog Sina. Preko molitve također ću voditi one koji još ne poznaju Božju ljubav prema punom ostvarenju Očevog plana za njihov život. To je jedna od najvažnijih nakana Marijinog srca. Od sada, neće proći niti jedan dan, a da ne tješim srce naše Majke moleći za ovu nakanu.

Dana 24. svibnja 1984. otkrila nam je svoju patnju: „Molim vas, ne dopustite da moje srce plače krvavim suzama zbog duša koje se gube u grijehu."

Dana 2. prosinca 2016., preko vidjelice Mirjane rekla je: „Draga djeco, moje majčinsko srce plače dok gledam što moja djeca čine. Grijesi se množe, čistoća duše je sve manje važna, moga Sina se zaboravlja, sve manje časti, a moju djecu progone."

Ova djeca osjećaju unutarnju prazninu jer im nikada nitko nije govorio o Božjoj ljubavi. Kroz ovu deseticu, prisjetit ću se svih onih mladih ljudi koji nisu bili evangelizirani i molit ću se kako bi ih Bog ispunio svojom ljubavlju i da nijedna osoba na zemlji ne pati zbog praznine duše! Svi smo stvoreni za puninu! „Kada imate Boga, imate sve!", govori nam Marija (25. SRPNJA 1998.) Oni koji imaju Boga sretni su i već iskuse nešto od rajske sreće. Vidioci Vicka i Jakov govore nam kako su oni vidjeli raj.

Izlazeći iz jeruzalemskog hrama, uzimam Mariju za ruku te kao i ona, osjećam val neopisive sreće jer je Bog sa mnom kao nikada prije: On je u meni!

Sada izmolimo jedan *Oče naš*, deset *Zdravo Marija* i jedan *Slava Ocu*.

Otajstva Svjetla

Nastavimo krunicu s otajstvima svjetla.
U ovome trenutku voljela bih citirati svećenika koji je govorio: "Kada uzimaš krunicu iz džepa, zamisli da uzimaš Mariju za ruku! Čvrsto je drži i nikada je nemoj pustiti! Hodaj s njom, ostani u njezinoj prisutnosti! Tada ćeš je izgovarati zajedno s Marijom koja je u potpunosti usredotočena na Isusa!"

Zapravo, dok molimo krunicu prisjećamo se otajstava Isusovog i Marijinog života. Kao što nam Marijino sjećanje pomaže da proživimo život njezinog Sina, tako se približimo dječjim srcem tim blagoslovljenim mjestima i scenama. Budimo kao djeca: ništa ne uzmiče njihovom pogledu!

Kada molimo krunicu, nalazimo utočište pod Marijinim majčinskim plaštem. Govori nam: *„Draga djeco, želim vas držati blizu srca i zagrliti vas."* Prekriva nas majčinskim plaštem kako bi nas zaštitila od sotoninih napada. Ali što je to njezin majčinski plašt? Zasigurno ne mislimo na kaput koji bi koristila kako bi nas zaštitila od hladnoće. . . ne! To je zaštita Duha Svetoga koji je primila na dan Navještenja kada joj je anđeo Gabrijel rekao: „*Duh Sveti sići će na tebe i sila će te Svevišnjega osjeniti!*"

Kada nalazimo utočište pod Marijinim plaštem, Duh Sveti nas zaklanja i štiti. Marijin plašt je sam Bog! Zato sotona nikada nije mogao ući u njega svojim otrovnim strijelicama.

Kada molimo krunicu, nemojmo se samo usmjeriti na to kako bi zaštitili sebe pod njezinim plaštem; ponesimo cijeli svijet sa sobom. Trebali bi ponijeti sa sobom sve one koje nosimo u našim srcima i one koje posebno posvećujemo Blaženoj Majci: naše drage, prijatelje, one koji prolaze kroz nevolje... Važno je da u svim obiteljima bude barem jedna osoba koja moli krunicu kako bi stavila cijelu obitelj pod Marijin plašt. To je tako snažno! Marija će se uvijek sjećati obitelji koja vjerno moli krunicu svaki dan: obilje blagoslova sići će na sve potomke iz generacije u generaciju.

S krunicom ulazimo pod Marijin zaštitni šator; pridružujemo joj se u intimnosti njezine sobe. Živimo tamo s njom!

PRVO OTAJSTVO SVJETLA

Krštenje Isusa u rijeci Jordanu

Nalazimo se u judejskoj pustinji na obalama Jordana: veliko mnoštvo skupilo se oko Ivana, Preteče, kako bi primili krštenje po pokori: svatko priznaje svoje grijehe. Tada dolazi jedan poseban čovjek: Isus iz Nazareta! Stupa naprijed kako bi zatražio krštenje kao i svi drugi. Ivan ga odmah prepoznaje. To je njegov rođak! Zna da je Isus Jaganjac Božji, onaj koji oduzima grijehe svijeta.

Ostavši bez riječi, kaže: *"Ti mene treba da krstiš, a ti da k meni dolaziš?"* (Mt 3, 13)

Važno je primijetiti da u Starom Zavjetu "vode" su često bile simbol prebivališta demona: duboko, tamno mjesto, dom zla. Uzmimo za primjer Psalam 69.: "Spasi me, Bože: vode mi dođoše do grla! U duboko blato zapadoh i nemam kamo nogu staviti; u duboku tonem vodu, pokrivaju me valovi." Moć voda je moć zla koje nas mogu preplaviti bilo kada i tako nas spriječiti da živimo i da vidimo svjetlo. U vrijeme kada je Ivan krstio, Jordan je bio pun grijeha onih koji su se dolazili krstiti.

U to vrijeme, kao znak čišćenja, ljudi su bili u potpunosti uronjeni u vodu krštenja. Kada su izlazili iz vode, samo su njihovi grijesi ostajali u rijeci. Isusa je Ivan također uronio u vodu kada ga je krstio. Ali, to nema smisla! On je u potpunosti čist! Nema potrebe za tim! Pa, zašto to čini? Isus uranja u vodu jer On planira posvetiti vode; posjetit će u svome božanstvu mračna mjesta čovječanstva. *

Isus uranja u vode jer želi uzeti na sebe naše grijehe, umatajući se u njih kao što bi to učinio i sa ogrtačem! Sveti Pavao potvrđuje: *"Njega koji ne okusi grijeha Bog za nas grijehom učini da mi budemo pravednost Božja u njemu."* (2Kor 5, 21) Isus je postao grijeh kako bi otkupio naše grijehe. Uranjajući u jordanske vode, prisvojio je naš grijeh. On, Čisti, Sveti, Bezgrešni, uzeo je na sebe, na svoje tijelo, naše grijehe iako nikada nije počinio ni jedan grijeh. U određenom smislu, ogrnuo se grijehom kako bi, tri godine kasnije, grijeh mogao biti pribijen s njim na križu i tako pobijeđen. U krštenju, Isus već zamjećuje svoju muku: ipak će živjeti svoj javni život s tom nevidljivom odjećom prije nego bude uzdignut sa zemlje kako bi uništio smrt na njezinom vlastitom terenu. Jer je *"plaća grijeha smrt"*. (sv. Pavao)

U trenutku kada primi krštenje od Ivana, Isus započinje svoje poslanje Otkupitelja poistovjećujući se s našim grijehom. *"Ta dolikuje nam da tako ispunimo svu pravednost!,"* kaže Isus. Ali što će pravda učiniti u ovoj sceni? Zasigurno se ne radi o ljudskoj pravdi već o božanskoj koja je sama milosrđe.

Ukratko, u Božjem planu bilo je potrebno da Sin postane grijeh kako bi pribio na križ naš grijeh i tako ga pobijedio: evo Očeve pravde prepune milosrđa! Isus u potpunosti prianja uz plan Očevog milosrđa.

Za vrijeme te desetice, želim ponovno misliti na moje

---

* Čak i danas nije potrebno da vode Jordana budu blagoslovljene kada ih nosimo kući; već su blagoslovljene uranjanjem Sina Božjega!

Krštenje Isusa u rijeci Jordanu

krštenje zahvaljujući kojem sam postala Božje dijete. Tog dana, Isus je uzeo moj grijeh i mene, obukla sam njegov božanski život, njegov vječni život, primila sam bijelu haljinu ponovno pronađene čistoće. Kako zadivljujuća razmjena! Samo je Bog to mogao zamisliti! Po krštenju, mogla sam uroniti u Kristovu smrt i uskrsnuće kako bih se obukla u njega. Moj grijeh je pobijeđen, bačen u more, završen, zaboravljen! U pretjeranoj ljubavi, Bog je postao zaboravan za zlo!

Sada vam predlažem da ponovno oživite milost svojega krštenja i da zajedno ponovite taj prekrasni dijalog, pogotovo ako smo kršteni kao bebe. Znajte da obnavljanje krsnih obećanja ima veliku moć! Puno je egzorcista to potvrdilo: ako ste upleteni na neki način u odnos sa sotonom, ako vas pritišće, napada, salijeće i želi vas zavesti, ponovno pročitajte sa srcem krsna obećanja i sotona će vas pustiti. Izgovaranje tih obećanja je najbolji egzorcizam koji jedan laik može učiniti.

Sada odgovorite na pitanja iz formule za krštenje kako bi oživjeli slobodu djece Božje. **

Odričete li se grijeha, da živite u slobodi djece Božje?
Odričem.
Odričete li se zavodljivosti zla, da vas grijeh ne nadvlada?
Odričem.

** Crkva nas uvjerava u oprost grijeha vjernicima koji obnavljaju krsna obećanja u takvom obredu. Posebno se „potpuna indulgencija daje vjernicima koji u slavlju uskrsnog bdijenja ili o godišnjici svog krštenja obnove krsna obećanja prema obredu koji je odobren zakonom. Djelomična indulgencija se udjeljuje vjerniku koji obnavlja krsna obećanja takvim obredom [Priručnik o oprostima 1999]. Uvjeti za zadobivanje oprosta jesu: primanje sakramenta pomirenja i euharistije i molitva za nakane Svetoga Oca.

Odričete li se Sotone, začetnika i vođe grijeha?
Odričem.

SLIJEDI ISPOVIJEST VJERE

Vjerujete li u Boga Oca Svemogućega, stvoritelja neba i zemlje?
Vjerujem.

Vjerujete li u Isusa Krista, Sina njegova jedinoga, Gospodina našega, koji je rođen od Marije Djevice, trpio i bio pokopan, koji je od mrtvih uskrsnuo i sjedi zdesna Ocu?
Vjerujem.

Vjerujete li u Duha Svetoga, svetu Crkvu katoličku, općinstvo svetih, oproštenje grijeha, uskrsnuće tijela i život vječni?
Vjerujem.

Kada je Isus primio krštenje, čuo se Očev glas: „*Ti si Sin moj, Ljubljeni! U tebi mi sva milina!*"(Lk 3, 22)

Dopustite da vam postavim jedno pitanje: vjerujete li da Otac upućuje tu rečenicu jedino svome Sinu Isusu ili i nama? Što mislite? Naravno da se i nama obraća! Tužno je vidjeti da se neke osobe osjećaju previše grešnima kako bi se obratile Bogu, previše nedostojne, previše ranjene; mnogi ne vole svoj život i ne vjeruju da ih Bog voli. Čak ako to i shvaćaju razumom, ne uspijevaju prihvatiti tu ljubav u svome srcu.

U ovoj desetici pokušajmo primiti izlječenje koje nam Otac nudi: prihvatimo ga u potpunosti kao nikada do sada!

Ponovimo još jednom ove riječi: „Ti si Sin moj ljubljeni." Sada znam da Otac govori o meni kada kaže: „Ovo je Sin moj, Ljubljeni! U njemu mi sva milina!"

Simbolično je da je grčka riječ *fraguis* (RAZDIRANJE) korištena samo dva puta u cijeloj Bibliji. Prvi put kako bi rekao da su se *nebesa otvorila* (Mt 3,16) kada je Duh Sveti sišao

Krštenje Isusa u rijeci Jordanu

nad Isusa nakon njegovog krštenja, a drugi put kada se hramska zavjesa razderala. U oba slučaja, radi se o natprirodnom *razdiranju*, neobjašnjivom, koji odjekuje na vapaj proroka Izaije: *„O, da razdreš nebesa i siđeš!"* (Iz 63,19)

U tom *razdiranju*, Bog pokazuje da možemo ući bosi u nekada zabranjeno svetište Njegovog srca, Svetište nad svetištima, i živjeti Njegov život. Ne zaboravimo da je hramska zavjesa imala najmanje 10 cm širine i između 25 i 30 metara dužine (prema Josipu Flaviju, povjesničaru iz toga doba).

Sada, pustit ću tim riječima da uđu u mene kao balzam koji se širi cijelim mojim bićem. Dopustit ću toj riječi života da me utješi i iliječi malo po malo tu životnu ranu koja me tako dugo muči, taj osjećaj da sam zaboravljen, napušten, sam, bez pravog prijatelja, bez osjećaja sigurnosti. Pustit ću da teče u meni ta riječ nebeskog Oca, mog Stvoritelja koji me gleda kroz svoga Sina Isusa, Ljubljenoga, od dana moga krštenja. *„Ti si sin moj, ljubljeni! Ti si kćer moja ljubljena! U tebi mi sva milina!"*

DRUGO OTAJSTVO SVJETLA

Svadba u Kani

vijek je radost ići na vjenčanje: to je zarazna radost! Nažalost, na ovoj je svadbi ponestalo vina. Isus se nalazi među uzvanicima sa svojim učenicima i njegova Majka je također prisutna. Marija je brižna majka koja zna voljeti i proviđati za potrebe svake osobe, prava majka obitelji. Ona je prva opazila problem, ali ne uznemiruje se jer je Isus tamo i ona zna da on uvijek ima rješenje. Ona mu se približava i izgovara poznatu rečenicu: *"Vina nemaju."* Iznenađen, Isus joj odgovara s pitanjem koje je bilo loše prevedeno: *"Ženo, što ja imam s tobom?"* (Iv 2,4) Potrebno je ponovno uzeti hebrejski izraz kako bi razumjeli smisao te riječi. Hebrejski izraz je posve jednostavan: ma lì làkh?, što doslovno znači: „Što ima između tebe i mene?" U tom trenutku, bilo je kao da joj Isus govori: jesi li svjesna odnosa koji imamo ti i ja, moje uloge i tvoje? Jesi li svjesna veličine koja nas ujedinjuje?

Kada Isus kaže svojoj majci *Ženo*, to nije kako bi je ponizio već kako bi prizvao ulogu Eve u trenutku stvaranja, uloge koja je posebno povjerena ženi, supružnici muškarca, kako bi mu bila pomoćnica. Više od obične pomoćnice jer je hebrejska riječ *azar* za „pomoćnicu" vrlo bogata. * Ovdje Isus određuje Mariju kao novu Evu koja pomaže novome Adamu u Njegovom djelu Otkupljenja. Ipak, Isus je iznenađen majčinim pitanjem jer osjeća da ga gura prema Njegovoj muci. Zaista, od tog trenutka Gospa počinje ispunjavati svoju ulogu kao suotkupiteljica, ona koja će savršeno surađivati s Otkupiteljem.

Kada je čuo riječ „vino", Isus je potresen u dubini svoga bića jer je odmah pomislio na riječ „krv" zato što zna da će za tri godine za vrijeme posljednje večere, promijeniti vino u svoju krv. Potom, na križu, Njegova krv bit će preobražena u vatru Duha Svetoga kako bi se mogla spustiti na učenike. Vidite li poveznicu? Vino, potom krv, a zatim vatra! Njegova majka je tamo kako bi mu pomogla u njegovom poslanju.

Isus zna da bi vjenčanje bez vina bilo sramota za obitelj. Nedostatak vina simbolizira nedostatak radosti. Iscrpljeni su. Bez sumnje, Isus u svome srcu kaže: „Ja, koji sam uzeo teret njihovih sinova na sebe, koji sam ovdje kako bih spasio svijet i vratio ga Ocu, moram sada djelovati! Čudo nije dovoljno. Želim promijeniti njihovu smrtnu tugu u radost, moju radost koja traje. Zato moram pretrpjeti križ . . . Ne mogu jednostavno mahnuti magičnim štapićem kako bih spasio svijet." Isus već razmatra o potrebi njegove muke. Spasenje svijeta neće proći kroz jednostavno čudo. Ako danas, u stanju milosti, osjetim radost u srcu, to je zato što je Isus prolio svoju krv; svaki dar od Boga je zapečaćen Kristovom krvlju.

U Kani, Marija podsjeća svoga Sina na važnost njegove muke. Sa svijesti Spasitelja, Isus iščekuje svoj čas te izjavljuje: „Ženo, moj čas još nije došao." Ove riječi imaju neizmjernu

---

* I reče Jahve, Bog: »Nije dobro da čovjek bude sam: načinit ću mu pomoć kao što je on.«

Svadba u Kani

veličinu. Marija razumije poruku; shvaća što je potaknula i više ne ustraje u tome. Ima pouzdanja u samilost svoga Sina prema ovome paru u poteškoći te odlazi razgovarati sa slugama. *"Što god vam rekne, učinite."* (Iv 2,5) Zna da će njezin zahtjev biti ispunjen. Poznaje Isusova obećanja koja se odnose na one koji mole s vjerom: *"Stoga vam kažem: Sve što god zamolite i zaištete, vjerujte da ste postigli i bit će vam!"* (Mk 11,24)

No vratimo se sceni s Marijom, slugama i Isusom. Svatko ima svoju ulogu i ponašaju se sukladno s tim. Marija zagovara, Isus igra svoju božansku ulogu pretvarajući vodu u vino. No, što se traži od slugu, to jest, od svih nas? Isus im kaže da "napune posude vodom". No, gdje je tu poveznica: nedostatak vina i vode u posudama? Čin punjenja posuda ne znači nužno da će svi moći piti vino! Radost zaruka neće se vratiti zbog vode. Isus me potiče da napravim besmislenu gestu punjenja posuda s vodom, koji je smisao toga? Osim toga, obično su žene uzimale vodu iz bunara, ne muškarci! Čini se da je Isus sve pogrešno shvatio. No, Marija zna; kaže mi: *"Učini sve što ti kaže."* Punjenje šest posuda od 100 litara bio je iscrpljujuć posao koji se morao završiti u rekordnom vremenu. Sluge nisu htjele učiniti stvari na pola. Mogli su reći samima sebi: "Dobro, učinit ćemo dovoljno kako bismo mu udovoljili; napunit ćemo jednu ili dvije posude." Ne, u potpunosti su bili poslušni Isusovoj zapovijedi! Stavili su svu svoju dobru volju u izvršavanje tog posla. To je ljepota našeg odnosa sa Isusom: Treba nas kako bi djelovao. U Kani je trebao vodu kao prvi sastojak u pravljenju vina. No vratimo se našim slugama . . . Što su učinili? Poslušali su Isusa bez mrmljanja i bez da su razumjeli razlog njegovog zahtjeva.

Evo pouke: Isus treba svu našu dobru volju i trud kako bi postigao čuda. Zasigurno, da je imao samo jednu ili dvije posude s vodom koje bi preobrazio, bilo bi manje vina. Voda je bljutava, bez okusa ili mirisa. To je ono što možemo dati Isusu: naše nevolje, nesposobnost, slabost, prazninu i nemogućnost dostizanja prave radosti. Možemo biti sigurni da, kada netko preda svoju nesposobnost i slabosti Isusu, posebno u sakramentu pomirenja, On postiže isto čudo kao u Kani dopuštajući Njegovoj milosti da teče iznad naših ljudskih granica. Preobražava našu prirodu i čini nas sposobnima za ono što nam je prije bilo nemoguće: voljeti, opraštati, prestati uništavati sebe ili činiti zlo.

Pogledajte oko sebe: u koliko domova, nakon što prođe entuzijazam i živahnost prirodne privlačnosti, radost se polako smanjuje do točke nestajanja? To je zato jer imamo vodu našeg prirodnog, ograničenog ljudskog stanja koja u sebi ne može izdržati ili proizvesti bilo što božansko. Potrebna je božanska milost kako bi je preobrazila.

Ljudska ljubav ima rok trajanja, kao i svježe mlijeko! Dajmo Isusu našu ljudsku prirodu, dajmo mu naš manjak radosti, bračne probleme, svoje postojanje koje je kao i voda pomalo bljutavo, bez okusa i mirisa.

Isus ne može djelovati ako mu ne dadem prvi sastojak s kojim bi mogao raditi: bez naše dobre volje, ne može intervenirati u našem životu na božanski način. Često se sjetim predivnih riječi oca Slavka Barbarića, franjevačkog svećenika, koji je bio fasciniran Marijinim planom za Međugorje koji je opisao kao tajanstven: „Postoji veliki plan za Međugorje, ali ga ne znamo. Što se mene tiče, znam da trebam učiniti sve što mogu danas!" Evo odgovora: zna da Bogu moramo dati to malo što imamo i pustiti Njemu da učini ostalo!

Dok molimo ovu deseticu, prikažimo Gospodinu ono malo što imamo, malo što jesmo, malo dobre volje koju

Svadba u Kani

imamo i dopustimo mu da učini čudo; promijenit će našu vodu u ukusno vino i učiniti našu ugaslu sreću božanskom. Isus će zamijeniti moju bijednu ljudsku radost s njegovom božanskom radosti: *„To sam vam govorio da moja radost bude u vama i da vaša radost bude potpuna."* (Iv 14,11) Iskoristimo to! Iskoristimo ovu tajnu vjenčanja u Kani kako bismo zamolili Gospodina da oživi svadbenu milost koja živi u nama.

Neka svi oni koji su u braku stave svoje vjenčane prstene na dlan ruke i ponovno posvete svoje brakove Gospodinu predajući mu sve što je postalo prljavo kako bi Isus mogao pustiti da njegovo vino teče u nama, njegova božanska radost. Neka oni koji nisu u braku pred Njim otvore srce jer je svatko od nas stvoren za brak. Cijelo naše biće je stvoreno kako bi se vezalo uz Krista. Mnogo ljudi pati u emocionalnim vezama jer vjeruju da je najveća sreća na zemlji ona koja dolazi iz uzajamne ljubavi. Ta tajna potreba u dubinama našega bića znak je da smo opečaćeni Božjom ljubavi. Samo on može zaista zaručiti naše duše i u potpunosti ih zadovoljiti za vječnost!

TREĆE OTAJSTVO SVJETLA

Navještenje Kraljevstva Božjega i poziv na obraćenje

Svog ćemo puta hodati iza Isusa s Marijom, Njegovom Majkom. Vidjet ćemo ga kako čini mnoga čudesa među ljudima: liječi bolesne, izgoni zle i nečiste duhove . . . Vidjet ćemo kako snaga izlazi iz Njega, izvanredna moć! Čut ćemo kako govori paralitičaru: *„Prijatelju, grijesi su ti oprošteni."* (Lk 5, 20) Isus zaista objavljuje Kraljevstvo Božje i ponavlja: „Pokajte se"! To znači, odustanite od svoje zloće, napustite svoje grijehe, napustite zlo koje nastanjuje vaše živote i izaberite put svjetlosti i svetosti te vjerujte evanđelju. Čuvši te riječi, trebali bismo se radovati! Dok molimo ovu deseticu, odlučimo se odgovoriti na Isusov poziv koji nam upućuje kao svojim prijateljima.

Kada Isus šalje svoje apostole naviještati umjesto Njega, ili čak s Njim, potiče ih početi s dva vrlo snažna poziva: „Obratite se i vjerujte evanđelju!" Pokajanje zbog naših grijeha vodi nas k obraćenju, pokajanje priprema dušu za ovu promjenu smjera prema Bogu. Danas je mnogo onih koji se boje riječi obraćenje jer razmišljaju o trudu koji trebaju uložiti, potrebnoj predanosti i protivštinama koje će susresti. Prema tome, boje se i kolebaju se u odluci za svetosti. Hebrejska etimologija za tu riječ, koja se još uvijek koristi u modernom hebrejskom jeziku, jest *teshuva*, što znači *povratak*. Da, ali povratak kamo? Povratak tamo gdje su moji korijeni, u Očevu kuću!

Vratimo se ponovno prispodobi o izgubljenom sinu: mlađi sin je dobio svo svoje nasljedstvo te se uputio u daleke zemlje jer je htio ostvariti veliki san koji je zapravo bio velika iluzija. Mislio je kako može pronaći prekrasan i neovisan život daleko od kuće; nije očekivao kako neće uspjeti i da će se vratiti praznih ruku!

Kada je došao u daleku regiju, postupno je sve potratio i našao se u tragičnoj situaciji u kojoj su ga zlostavljali te ostavili bez novčića. Pao je tako nisko da se morao brinuti za svinje (to je sramotno za Židova! Svinja nije bila košer!) Čak nije mogao jesti ni njihove otpatke! Ali je uistinu tada, u svojoj nevolji, na dnu ponora počeo razmišljati o svom povratku kući. Povratak diktiran glađu, ali ipak povratak. Pomislio je: *„Koliki najamnici oca moga imaju kruha napretek, a ja ovdje umirem od gladi!"* (Lk 15, 17) Tako se vratio kući. To je bio početak njegovog obraćenja! Na svojoj najnižoj točki, promijenio je smjer i vratio se u zemlju u kojoj je rođen: tamo gdje je pronašao obilje, ljubav i sklad srca; tamo, gdje je bio željen i imao je sve potrebno kako bi sretno živio. Razumijemo vrlo dobro da ova očeva kuća predstavlja kuću našeg nebeskog Oca, raj.

Također se ponekad gubimo na putevima grijeha. Tijekom ove desetice, odlučimo se promijeniti smjer, vratiti se onome koji nas bezuvjetno voli! Povratak tom istom Ocu koga Isus doziva u prispodobi o izgubljenom sinu. Sveta Terezija od Djeteta Isusa daje nam prekrasan primjer kako se vratiti Bogu. Mala Terezija sigurno nije počinila nijedan smrtni grijeh,

Navještenje Kraljevstva Božjega i poziv na obraćenje

međutim bila je grešnica poput nas. U svojoj biografiji prisjeća se kako je jednog dana, shvativši da je pogriješila, doživjela veliku radost! Čitajući taj odlomak, rekla sam samoj sebi:
„Nešto se ne slaže kod nje! Počini grijeh i osjeća radost? Kako je to moguće?" Nastavljajući sa čitanjem, razumijem . . . Nakon što je shvatila da je sagriješila, prisjetila se Isusovih riječi: *„Kažem vam, tako će na nebu biti veća radost zbog jednog obraćena grešnika negoli zbog devedeset i devet pravednika kojima ne treba obraćenja."* (Lk 15, 7) „U tom trenutku, nastavlja sveta Terezija, shvatila sam da sam ja taj grešnik! Tada sam se odmah bacila u Isusov zagrljaj! Kada sam to učinila, na nebu je nastala velika radost te sam i ja sudjelovala u toj radosti." Prekrasno! Kada je uvidjela svoj grijeh, odmah je pojurila u Isusovo naručje tako zauzvrat primajući radost koju i Bog osjeća kada mu se grešnik vrati. Ta svjetlost je upravo na istoj razini kao i parabola o izgubljenom sinu.

A mi? Koliko dugo čekamo prije nego se bacimo u Isusov milosrdni zagrljaj nakon što smo sagriješili? Koliko dugo gazimo u našem blatu razmišljajući o našoj bijedi dok gunđamo: „Evo, bilo je sigurno, znao sam da ću ponovno pasti u isti grijeh! Nikada neću uspjeti, zašto bih i dalje pokušavao, ja sam ništa!" Kako tužno! Prolazimo kroz obeshrabrenje, čak i očaj, a ne shvaćamo da tako veselimo sotonu! Nikada ne smijemo misliti o svojoj bijedi, to otvara vrata Zlome i uništava mir srca! Naprotiv, gledati u Isusa, okrenuti se bez čekanja i ponizno prema njegovom milosrdnom srcu, vraća nam mir i radost duši!

Povratak izgubljenog sina je diktiran glađu, ne izgovara niti jednu riječ zahvale svome ocu, gladan je i zna da će u očinskoj kući naći kruha. S druge strane, njegov otac, pun ljubavi, nastavlja se vraćati na cestu kako bi ga s obzora vidio, ne gubeći nadu kako će ponovno vidjeti svoga sina. Očeva želja je dirljiva: ne želi pristati na život bez svoga sina. Želi ga ponovno naći i pokazati mu svoju ljubav. Prisjetimo se Božjeg usklika u Edenskom vrtu nakon Adamovog pada: „*Adame, gdje si?*" (Post 3, 8) Nije podnosio njegovu odsutnost!

Na dan njegovog povratka u posljednjim dijelovima puta, izgubljeni sin ponavljao je priznanje koje je pripremio dok je čuvao svinje:

„*Ustat ću, poći svomu ocu i reći mu: 'Oče, sagriješih protiv Neba i pred tobom! Nisam više dostojan zvati se sinom tvojim. Primi me kao jednog od svojih najamnika.'* (Lk 15, 18-19)

No, otac ga prekida! Čak ga i spriječava da završi svoje priznanje grijeha, on ga pritisne uz srce i izražava mu neizmjernu nježnost! Odmah daje precizne naredbe slugama:

'*Brzo iznesite haljinu najljepšu i obucite ga! Stavite mu prsten na ruku i obuću na noge! Tele ugojeno dovedite i zakoljite pa da se pogostimo i proveselimo jer sin mi ovaj bijaše mrtav i oživje, izgubljen bijaše i nađe se!' I stadoše se veseliti.* (Lk 15, 22-24)

Pokajanjem opet uzimamo svoje mjesto u slavlju Božjega srca. Bog je tako zadovoljan povratkom jednoga od njegove djece da svaki put slavi: nije sebičan sa slavljima! To je Kristova radosna vijest, ne tražimo je drugdje! Naši grijesi nas čine tužnima i nesretnima: „*Jer je plaća grijeha smrt.*" (Rim 6,23) Loše se osjećamo s grijehom. Ne znajući za to, ubrizgavamo sebi dozu „smrti", više ili manje snažnu, koja će u nama stvoriti tjeskobu, depresiju, agresivnost, bijes . . . a ako se mi ne ispovijedimo, ono će vladati! Grijeh postoji u dubini srca, djeluje i nagriza nam nutrinu. Ako se želim vratiti svome Ocu, pohitat ću na ispovijed, siguran kako mi je on spreman oprostiti; ili još bolje, siguran kako mi je unaprijed oprostio!

Riješimo se mrlje grijeha bacivši je u vatrenu peć Srca

Kristova gdje sve izgori, gdje sve nestaje. Ali čuvajte se uspomena! Zli to može iskoristiti na vrlo suptilan način kako bi nas iskušao. Uvijek je spreman ukazati na naše grijehe, govoreći: "Sjeti se, to si učinio, pao si u zamku, pogledaj se, uvijek činiš isti grijeh, ni ti sam ne vjeruješ da možeš postati svetac, nemoj me nasmijavati!" Tako nas obeshrabruje, zatvara izlaz za hitne slučajeve, predbacuje nam našu zloću kako bi nas obeshrabrio i kako bismo se povukli u sebe. Naprotiv, što čini mala Terezija? Ona gleda u Isusa i u trenu prelazi od negativnih posljedica svoga grijeha u nebesku radost. Ni minutu nije popuštala tuzi, nije se zatvorila u sebe, već je odmah usmjerila pogled na svoga Spasitelja. Evo svetosti! Svetac nije osoba koja nikada ne griješi. To je netko tko ne gleda sebe, koji se ni na trenutak ne ustručava potražiti utočište u Srcu Isusovu kako bi tu odbacio grijeh koji je upravo počinio.

Ovo je Isusov poziv: obratite se, vratite se! Kada kaže paralitičaru: „*Sinko! Otpuštaju ti se grijesi.*"(Mk 2,5), želi reći: sudjeluj u slavlju moga Srca! Isus je došao započeti to slavlje, tu gozbu Novog saveza na koju smo svi pozvani. Isus je dao svojim apostolima moć opraštanja grijeha: kakva radost kada idemo vidjeti svećenika i kada nam kaže na ispovijedi: "Odrješujem te od svih tvojih grijeha u ime Oca, Sina i Duha Svetoga. U tom trenutku svećenik je persona Christi, to znači da mi preko njega sam Krist oprašta moje grijehe. Ovo je milost sakramenta: opipljiv znak, glas, izrečeno oproštenje za koje znamo da dolazi od Isusa.

Isus je rekao svojim apostolima: „*Kojima otpustite grijehe, otpuštaju im se; kojima zadržite, zadržani su im.*"(Iv 20, 23) Dao je ovu izvanrednu snagu svojim svećenicima.

U ovoj desetici, dajem vam jedan prijedlog: pronađimo u našem sjećanju zadnji počinjeni grijeh koji nas je rastužio i bacimo ga u plamteće Kristovo srce! Potom recimo:

"Gospodine, žalostan sam zbog ovog grijeha koji nisam smio počiniti; ali to zlo, ja ga ne želim, odričem se njega, dajem ti ga kako bi ga uništio. Promatram tvoje srce puno milosrđa, kao Mala Terezija i ja trčim tebi da slavim gozbu s tobom! Tamo osjećam otkucaje tvoga pastirskog srca, srca Otkupitelja koji me dočekuje u nutrini u neopisivoj radosti! Vidim Oca koji me čeka, vraćam se u radost Kraljevstva i dobro se osjećam. Zaboravljam svoje grijehe i potpuno se uranjam u ovu svečanu atmosferu. Stavljaš mi prsten na moj prst, sandale na noge, tuniku i naređuješ slugama da se počastimo s tovljenim teletom. Sa slobodnim srcem sudjelujem u gozbi, započinjem ples."

Nastavimo svoju meditaciju s 10 zapovijedi * (VIDI IZL 20, 1-17):

1. NEMOJ IMATI DRUGIH BOGOVA UZ MENE.

2. NE PRAVI SEBI LIKA NI OBLIČJA bilo čega što je gore na nebu, ili dolje na zemlji, ili u vodama pod zemljom. Ne klanjaj im se niti im služi. Jer ja, Jahve, Bog tvoj, Bog sam ljubomoran. Kažnjavam grijeh otaca—onih koji me mrze—na djeci do trećeg i četvrtog koljena, a iskazujem milosrđe tisućama koji me ljube i vrše moje zapovijedi.

3. NE UZIMAJ UZALUD IMENA JAHVE, BOGA SVOGA, jer Jahve ne oprašta onome koji uzalud izgovara ime njegovo.

4. SJETI SE DA SVETKUJEŠ DAN SUBOTNJI. Šest dana radi i obavljaj sav svoj posao. A sedmoga je dana subota, počinak posvećen Jahvi, Bogu tvojemu. Tada nikakva

---

* Također pogledajte odlične komentare iz Katekizma Katoličke Crkve (§ 2084 do 2557)

posla nemoj raditi: ni ti, ni sin tvoj, ni kći tvoja, ni sluga tvoj, ni sluškinja tvoja, ni živina tvoja, niti došljak koji se nađe unutar tvojih vrata. Ta i Jahve je šest dana stvarao nebo, zemlju i more i sve što je u njima, a sedmoga je dana počinuo. Stoga je Jahve blagoslovio i posvetio dan subotnji.

5. POŠTUJ OCA SVOGA I MAJKU svoju da imadneš dug život na zemlji koju ti dâ Jahve, Bog tvoj.

6. NE UBIJ!

7. NE UČINI PRELJUBA!

8. NE UKRADI!

9. NE SVJEDOČI LAŽNO na bližnjega svoga!

10. Ne poželi kuće bližnjega svoga! NE POŽELI ŽENE BLIŽNJEGA SVOGA; ni sluge njegova, ni sluškinje njegove, ni vola njegova, ni magarca njegova, niti išta što je bližnjega tvoga!

ČETVRTO OTAJSTVO SVJETLA

Preobraženje

vo otajstvo vodi nas na planinu, brdo Tabor. Uspon je grub, ali to mjesto je vrhunsko. Pogled otkriva svu Galileju, zemlju onog naroda o kojem je rečeno: *„Galileja poganska—narod što je sjedio u tmini svjetlost vidje veliku;"* (Mt 4, 16 i Iz 9, 1) Isus se uspinje s trojicom svojih učenika: Petrom, Jakovom i Ivanom, i pred njima je preobražen.

Otajstvo preobraženja je savršeno otajstvo svjetlosti. Isus ovdje u potpunosti otkriva svoje božanstvo.

Naravno, ono je ostalo skriveno očima njegovih učenika. Ali Isus je htio otkriti veo svog tijela i svoje ljudskosti kako bi mogli vidjeti ne samo Isusovo slavno tijelo nakon njegove užasne smrti koja je uslijedila ubrzo nakon toga, nego i slavu njihovih besmrtnih tijela. U svetoj misi govori se: *„Puna su nebesa i zemlja tvoje slave!"* i još: *„Tabor i Hermon kliču imenu tvojemu."* (Ps 89, 13) Doista, sve stvoreno je prepuno slave Božje! Drveće, brda, ravnice, planine, doline, nebo, zvijezde, planete, životinje i sve što živi na nebu i na zemlji; sve stvoreno odsjaj je Božje slave i stenje u iščekivanju otkrivenja sinova Božjih. „To je neopisiva svjetlost", potvrđuje vidjelica Vicka koju je Gospa povela u nebo 1981. „Ne mogu pronaći riječi kojima bih opisala svjetlost Neba, to je svjetlo koje ne postoji na zemlji!"

I mi također možemo biti preobraženi, pustiti božansko svjetlo kako bi ušlo u nas. Mi smo hramovi živoga Boga i Presveto Trojstvo obitava u nama. Evo zašto moramo razmišljati, tj. ujediniti sve naše sposobnosti, inteligenciju, pažnju, pamćenje, našu sposobnost ljubavi i našu osjetljivost kako bismo iznutra promišljali o Onome koji živi u nama. Ovo je duhovno iskustvo svete Terezije Avilske: jednom kada smo ušli u svadbenu sobu, ako ostanemo u prisustvu Svetog Trojstva koje prebiva u nama, bit ćemo sve više i više u svjetlu i sposobni zračiti tu svjetlost.

Među onima koji su doživjeli snažno zajedništvo s Bogom, neki su postali znak preobraženja za druge, poput velikog ruskog sveca Serafima Sarovskog u 19. stoljeću. Kada ga je mladi Motovilov upitao tko je Duh Sveti, nije mu odgovorio, ali bio je preobražen pred njim puštajući da mu iz lica izvire zasljepljujuća svjetlost. Lice mu je bilo samo svjetlo. Ovaj je mladić bio ispunjen dubokom radošću, osjećao je veliki mir, slatku vrućinu (usred snježne pustinje Sarov) i odmah je shvatio da mu se očitovao Duh Sveti. Sveti Serafim je godinama molio i postio. Otkako je ušao u samostan, nije prestajao tražiti taj intimni i duboki kontakt s Kristom. Sa šezdeset i šest godina, napustio je pustinju Sarov gdje je živio kao pustinjak kako bi se vratio u samostan, primao i vodio mnoštvo koje ga je dolazilo vidjeti jer je svakome od njih podijelio svoje izvanredne darove.

Što je naše sjedinjenje s Kristom potpunije i skrivenije u dubini svetohraništa našeg srca, to se više pretvaramo u njega i sve više smo preobraženi. Ponekad Gospodin očituje vidljive znakove preobraženja. Na primjer, Gospodin je dao

Preobraženje

sličan znak sestrama Male Terezije u vrijeme njezine smrti u karmelu u Lisieuxu. Slika nam je prikazuje na smrtnom krevetu, zračila je! Na njezinom licu nije bilo ni traga patnje koju je doživjela: bila je sama svjetlost. Padre Pio također je bio toliko blizak s Kristom da su ga ponekad bliski ljudi vidjeli preobraženog. *"I dok se molio, izgled mu se lica izmijeni, a odjeća sjajem zablista."* (Lk 9, 29-35)

Napravimo vrlo jednostavan test: promotrimo sada ovo svjetlo u našem srcu i nastojmo vidjeti Isusa što je više moguće izvan vela našeg tijela.

U pogledu vjere, razmatrajmo Nebo u ovom božanskom svjetlu i pokušajmo to učiniti našim apsolutnim prioritetom. Naglašavam ovu točku jer danas postoji previše rastresenosti, atrakcija, briga koje nas udaljavaju od onoga što je doista važno. Ovdje u Međugorju, Gospa nam govori: „Dječice, ne zaboravite da je svrha vašeg života Nebo! Vaš život na zemlji samo je vrlo kratka šetnja u odnosu na Vječnost!" Uzmimo bez čekanja nebeski posjed! To nije nejasno obećanje koje nam je Gospodin dao, u smislu: "Trpite na zemlji i garantiram vam Nebo". Pazite, uopće se ne radi o tome! Isus je za nas pripremio mjesto na Nebu. To je mjesto već spremno, ali ne smijemo ga izgubiti! Kada je Gospodin pobijedio smrt, osvojio je Nebo za nas!

Naš zadatak kao kršćana nije samo ići prema Nebu, našoj konačnoj sudbini, već da sada živimo Nebo u našim srcima! Svi sveci, uključujući i one koji su prošli kroz vrlo teške kušnje poput službenice Božje, francuske mističarke Marthe Robin, uvijek su živjeli u radosti Kraljevstva usred nevolja, valova i oluja: ti sveci ne bi dali svoje mjesto ništa na svijetu, jer je radost njihova sjedinjenja ljubavi s Kristom bila neopisiva! To je ono što je danas važno i proročki: iščekivati radost Neba živeći ovo milosno vrijeme o kojem nam govori Djevica. Preobraženje je zapravo predvorje Raja.

Marija nam je ostavila još jednu vrlo lijepu poruku: „Draga djeco, ako se predate meni, nećete ni osjetiti prijelaz iz ovoga u drugi život. Moći ćete započeti živjeti raj na zemlji." (Molitvenoj skupini, 8. kolovoza 1986.)

Ako želimo imati lijepu smrt, trebamo živjeti dobar život. Ako vam kažem: "Moj cilj je Nebo, tamo želim ići", očito je da ne govorim o čistilištu! Svakako je potrebno dobro očistiti nutrinu, ali Božja volja je da smo sveti i čisti jer smo već pročišćeni! Čistilište postoji za one koji su propustili prijateljstvo i koji nisu znali dovoljno voljeti.

Baš kao što postoji putna šifra, postoji i kôd za odlazak u Nebo. Pretpostavlja da je ljubav u središtu našeg života. Prioritetni put za odabir je ljubav! Blažena Djevica kaže: „Neka u vama prevlada ljubav, draga djeco! Ne ljudska ljubav, već božanska ljubav." Ako želim ići u Nebo, moram odabrati put ljubavi, darivanja sebe do žrtvovanja.

Budući da se nalazimo na brdu Tabor, pozivam vas da razmislite o Božjem sjaju i slavi tijekom ove desetice. Nemoguće je opisati tu slavu. To je spoj ljubavi i svjetla. Dok razmišljamo o Kristovoj slavi, opet se usmjerimo na Nebo. Dakako, ako prolazim kroz oluje i protivne vjetrove, moje kormilo se izmakne i brzo izgubim smjer. Nebo više nije moj cilj. Tada ću se naći na putu koji me jako privlači i zaboravit ću da je moj pravi cilj Nebo! U ovoj ću desetici preusmjeriti svoj kompas i ciljati prema Nebu. Ako netko ili nešto uspori moj put, brzo ću krenuti na uklanjanje poteškoće i, kako kaže sveti Pavao, nastaviti svoju trku prema Nebu.

Sada zatvaram oči i razmišljam o divnom licu preobraženog Isusa. Očev glas odzvanja u mom srcu: *„ Ovo je Sin moj,*

Preobraženje

Izabranik! Njega slušajte!" (Lk 9,35) Slušat ću ga! A što mi kaže Isus? "Pođi sa mnom! Slijedi me! Nisam li se molio za tebe prije svoje muke? *"Oče, hoću da i oni koje si mi dao budu gdje sam ja, . . . "* (Iv 17,24) Isus me želi povesti sa sobom u Nebo, pripremio mi je mjesto prolijevanjem svoje krvi. Slijedit ću ga pod svaku cijenu, dopustit ću mu da živi u meni i da od moga srca napravi svoje malo svetohranište!

PETO OTAJSTVO SVJETLA

Ustanovljenje euharistije

Poput djece, idemo do Cenakula: to je soba na katu koju su pažljivo pripremili Petar i Ivan na Isusov zahtjev kako bi proslavili Pashu, drugim riječima Posljednju večeru. Sjednemo za stol s apostolima i čekamo kako bismo vidjeli što će se dogoditi, sretni što smo dio tako svečanog i intimnog događaja. Često razmišljam o svjedočanstvu sestre Faustine koja je prisustvovala Posljednjoj večeri i koja u svom dnevniku piše:

"Sveti čas. Četvrtak. Tijekom ovog sata molitve, Isus mi je dopustio ući u Cenakul i bila sam svjedok onoga što se tamo dogodilo. Najdublje sam bila potresena kada je Isus prije posvete pogledao nebo i ušao u tajanstveni dijalog sa svojim Ocem. Tek ćemo u vječnosti istinski razumjeti ovaj trenutak. Oči su mu bile poput dva plamena. Njegovo lice, bijelo kao snijeg, zasjalo je. Čitava njegova osoba bila je ispunjena veličanstvom, a njegova duša puna nostalgije. U trenutku posvećenja počivala je ispunjena ljubav. Žrtva je bila u potpunosti izvršena. Sada će se izvršiti samo ceremonija vanjske smrti, vanjskog uništenja: suština je u Cenakulu. U svom životu nikad nisam imala tako duboko razumijevanje ovog otajstva kao tijekom ovog sata bogoslužja. Ah! Koliko čeznem da cijeli svijet spozna ovu neshvatljivu tajnu!" (DNEVNIK § 684.)

Zamislimo pashalnu večeru: dok sjedimo sa Isusom, promatramo ga kako uzima kruh i govori: „*Uzmite i jedite, ovo je moje Tijelo koje se za vas predaje.*" I na kraju obroka, vidimo ga kako uzima vino i kaže: „*Uzmite i pijte svi, ovo je moja Krv, krv novoga i vječnoga saveza, koja će se proliti za vas i za sve ljude na otpuštenje grijeha.*" Isus tu hranu ne bira slučajno kako bi se dao svojim apostolima i ostao u svojoj Crkvi do kraja svijeta. Kada jedemo, namirnice hrane naše stanice, ulaze u naše tijelo, prodiru u svaki kutak našeg organizma i obnavljaju ga. Hrana se na neki način pretvara u nas. S druge strane, u euharistiji je suprotno: Isus postaje hrana kako bi ušao vrlo duboko u nas i kako bi nas iznutra preobrazio u sebe. Koliko je to otajstvo! Više nismo mi oni koji, uzimajući hranu, pretvaramo je u sebe, već je Isus taj koji, postavši hranom, nas preobražava u sebe. On ulazi u najmanje kutke našeg bića, našeg srca, naše duše, duha, tijela, psihologije, osjećaja, osjetljivosti, kako bi došao do naše podsvijesti i najdubljih dijelova našeg bića. Što ima ljepše za nas, Božja stvorenja? Bog koji se učinio hranom kako bi nas pretvorio u sebe! Kako je dobro uzeti Isusovo tijelo! Čak je i nužno! Slabi smo i grešni, toliko često tjelesno i duhovno bolesni, a Isus ulazi u nas sa svom svojom životnom snagom.

Marthe Robin se ovako molila: "O Isuse, zahvaljujem ti jer nas uzimaš ovakve kakvi jesmo i prikazuješ nas Ocu takav kakav ti jesi!"

Još jedna izvanredna značajka euharistije jest da nam se Isus daje u potpunosti, noseći sa sobom i sve darove, milosti i blagoslove koji su potrebni svakoj duši. Preobražava nas iznutra. Daje se prema tome koliko otvaramo naše srce i to otvaranje mora biti slobodno jer nikad nikoga ne prisiljava. Isus nam se žarko želi predati. Sveci nisu učinili ništa drugo nego ga primili kakav jest u svim njegovim oblicima. Većinu vremena pamtimo samo mali dio Isusa. Odsutno mrmljamo molitvu: "Gospodine, hvala ti što si došao" i ne idemo dalje. Počinjemo razmišljati o nečem drugom i razgovor se prekida do sljedeće nedjelje. Isusova je radost, kao što je često otkrivao misticima, predati se dušama i prenositi im svoje milosti. Ne čeka da mi budemo savršeni kako bi nam se predao, ne daje sebe jer smo dobri, već da nam pomogne kako bismo postali dobri i kako bi nas preobrazio u Sebe samoga! Duša koja se u potpunosti otvara Isusu dopušta mu nastaniti se u njoj u svoj svojoj punini. Omogućuje Isusu da ga odmah pretvori u dubinu. Anegdota sestre Faustine nas prosvjetljuje u ovom pogledu:

„Danas sam, primajući svetu pričest, u kaležu primijetila živu hostiju koju mi je dao svećenik. Kada sam se vratila na svoje mjesto, pitala sam Gospodina: „Zašto je jedna od hostija živa? Budući da živiš na isti način pod svim prilikama?" Gospodin mi je odgovorio: „Istina je da sam pod svim prilikama isti, ali sve me duše ne prihvaćaju s toliko živom vjerom kao što je tvoja, kćeri moja, i zato ne mogu djelovati u njihovim dušama kao u tvojoj." (DNEVNIK § 1407)

Ovdje u Međugorju, Blažena Djevica nam uvijek preporučuje živjeti misu sa srcem: „Neka vam sveta misa bude život!" (25. TRAVNJA 1988.) "Kada biste znali, draga djeco, darove i milosti koje primate tijekom svete mise, išli biste svaki dan i pripremali se barem sat vremena unaprijed!" Isus je tako ponizan! Lako ga je usrećiti primajući ga u sebi! Kada je Isus u nama sa cijelom svojom osobom, to je najsvetiji trenutak! "To je najsvetiji trenutak vašeg života!", povjerila je Djevica Vicki.

Upravo u tom trenutku Gospodin nam razdaje sve svoje milosti ozdravljenja, oslobođenja, svjetla i mira. U tom trenutku vrlo prisne razmjene on nam pruža svoju savršenu radost. Što je ta intimnost jača, to je njegov dar veći i dublji. Njegova svetost nas posvećuje, njegova snaga nas jača, njegova ljepota nas uljepšava, njegova nježnost nas čini blažima, njegova radost nas čini sretnima, njegov život nas oživljava. On nam daje svoj mir, taj mir koji nam svijet ne može dati. U tom trenutku, Isusova prisutnost u nama je toliko konkretna da, kada bismo susreli njegovu Majku na ulici poslije mise, kleknula bi pred nama jer bi vidjela Isusa u nama.

Isus se ne daje dušama na isti način: neki ga dobro prihvaćaju, a drugi se pričešćuju dok žive u teškim grijesima. Razmišljajući o tim dušama, Isus je rekao svetoj Faustini: "Ulazim u neka srca kao da bih proživio novu muku." (Dnevnik § 1598) Prije pričesti, važno je očistiti našu dušu iskrenom molitvom, ispitom savjesti i, ako je potrebno, dobrom ispovijedi.

"Odrecite se grijeha koji prebiva u vama", govori nam Marija. Možda nam dođe misao kako ne možemo primiti Isusa jer ga nismo dostojni. U tom slučaju, sjetimo se Isusovih riječi: „*Ne treba zdravima liječnik, nego bolesnima.*"(Lk 5, 31) Dakle, mi smo na njegovom popisu! Isus voli raditi, kao što je i sam rekao:

„*Otac moj sve do sada radi pa i ja radim.*"(Iv 5, 17) Čak i kad otvorimo svoje srce Isusu sa svom svojom dobrom voljom, jednostavnošću i radošću, Isus još uvijek tamo nalazi bolesti, slabosti i loše misli. Ali kakva je radost za njega imati posla! Pustimo neka djeluje Liječnik naših duša, naš Spasitelj. Toliko nas voli preobražavati svojom milošću! Kakvu tugu osjeća kada ga naše duše odbiju, kad ih vidi tako bolesne i prazne! Vratimo se onome što je Isus rekao sestri Faustini:

Ustanovljenje euharistije

"Ah, kako je bolno što se duše tako malo sjedine sa mnom tijekom svete pričesti. Čekam duše, ali one su prema meni ravnodušne. Volim ih tako nježno i iskreno, a one mi ne vjeruju. Želim ih ispuniti milostima—ne žele ih prihvatiti. Postupaju sa mnom kao da sam mrtva tvar, a ipak, imam srce puno ljubavi i milosrđa. Kako bi osjetila čak i malo od moje boli, zamisli najnježniju majku koja voli svoju djecu, ali ta djeca preziru ljubav svoje majke. Uzmi u obzir njezinu bol, nitko je ne može utješiti. "(Dnevnik § 1447)

Kada Isus u svetoj pričesti nađe zatvorenu dušu, ne otvara vrata silom, ali je dužan napustiti je i ostaviti sa svim darovima i milostima koje je za nju tako ljubazno pripremio. Ali srce mu je slomljeno od boli! Zamislite da pripremate divno rođendansko slavlje nekome koga neizmjerno volite. Sve je spremno, darovi, cvijeće, stol . . . Ali osoba kaže: "Neću doći!" Zamislite svoju bol! Darovi će ostati neotvoreni . . . Kako se ponašamo prema Isusu koji nam se daje u Euharistiji? Osjećamo li prazninu, nedostatak ljubavi, nježnosti? Tko nas može ispuniti bolje od Isusa? Tko će se radovati ako ne On? Ne zamišljamo neizmjernu radost koju osjeća kada mu širom otvorimo srce i dopustimo mu da uđe!

U Međugorju Marija nas je naučila usredotočiti se na euharistiju. Središte Međugorja nije njezino ukazanje svaki dan, već sveta misa! "Draga djeco, ako je primanje moga Sina u Euharistiji u središtu vašega života, ne bojte se, možete sve. Ja sam s vama. (2. lipnja 2012.) Marija je uvijek sa svojim Sinom, uvijek s nama kako bi mu se klanjala, s nama kako bi ga primila! Jesam li jedini sudionik na misi? Jesam li sama ispred tabernakula u mojoj župi? Nikada nisam uistinu sama jer je Kraljica mira sa mnom, sretna zbog moje prisutnosti. Štoviše, s njom je sva nebeska Crkva: anđeli, arhanđeli, sveci.

Zar to nije divno? Koliko milosti gubimo ako zanemarimo dnevnu misu kada nam to okolnosti dopuštaju! Službenica Božja Marthe Robin rekla je: "Naš stupanj slave na Nebu bit će jednak kvaliteti naših svetih pričesti na zemlji."

Što je s milostima koje primamo kada mu se klanjamo? Isus je prisutan u hostiji kao živa osoba, i to u svim fazama svog života. Pred sobom imamo i malog Isusa koji spava u Marijinu krilu kao betlehemsko Novorođenče kojemu se pastiri klanjaju! Imamo Dijete Isusa koji odlazi u Egipat, a zatim skrovito živi u Nazaretu. Imamo odraslog Isusa, stolara koji radi sa svojim ocem Josipom i svoj posao isporučuje klijentima. Imamo učitelja Isusa koji poučava mnoštva tijekom svog javnog života; zatim Isusa mučenika na križu, potom mrtvog Isusa, uskrslog Isusa, Isusa koji se uspinje u slavi i sjedi zdesna Ocu. Možemo ga razmatrati u svim razdobljima njegova života, prema našem izboru i našim sklonostima, i meditirati o onome što nam u tom trenutku predlaže Duh Sveti. Isusov život o kojem razmišljamo tada se daruje i prenosi u nevidljivo.

Jednog dana pitala sam vidjelicu Vicku što im je Marija rekla o svetoj pričesti na početku ukazanja. Ovo je poruka koju mi je prenijela: „Draga djeco, kada primite Isusa u svetoj pričesti i vratite se na svoje mjesto, ne gledajte druge, ne sudite svećenika; draga djeco, kleknite barem deset minuta i razgovarajte s mojim Sinom Isusom koji je u vašem srcu. A da je malo provociram, pitala sam je: "Vicka, jesi li sigurna da je spomenula deset minuta?" "Ne, sestro Emmanuel! Nije rekla deset minuta, rekla je barem deset minuta, najmanje deset minuta, ali u stvarnosti bi joj bilo draže dvadeset minuta." Doista, potrebno je dvadeset minuta da se hostija potpuno otopi, a tih dvadeset minuta je beskrajno dragocjeno!

Ustanovljenje euharistije

"Idite na misu svaki dan, ako vam to okolnosti dopuštaju", potiče nas Kraljica mira. Kako bismo mogli izgubiti takvu priliku da nas preobrazi, posveti, poboljša? Uvijek moramo misu staviti u središte našeg života: "Neka misa osvijetli ostatak vašeg dana", podsjeća nas naša Nebeska Majka!

Točka koju treba zapamtiti: kada je osoba započela svoju molitvu zahvale nakon pričesti, nikada je ne treba ometati jer se u tom trenutku događa nešto božansko. Zašto prekinuti tajni razgovor između božanskog Gosta i duše! Zašto govoriti naglas? I kako bih rekla što? "Jeste li vidjeli onaj šešir ispred? Što radiš večeras?" Pažnja, Isus ne voli brbljanje!

Isus je rekao sestri Faustini: „Za redovničke duše napiši da mi je zadovoljstvo doći u njihova srca preko svete pričesti."(Dnevnik § 1682) S druge strane, dao je to strašno povjerenje onima koji su u stanju teškog grijeha: „Ulazim u neka srca kao u novu muku."(Dnevnik § 1597.)

Ovo je sjedinjenje toliko intenzivno i snažno da gotovo postoji poistovjećivanje duše s Gospodinom. Kada izađemo iz crkve, ako naiđemo na nevjernike, pogane koji ne poznaju Isusa, gledajmo ih kao što bi to učinio i sam Isus. Možda će za neke od njih to biti jedini put kako bi dodirujući nas dodirnuli Isusa! Marthe Robin potvrdila je: "Svaki kršćanski život je misa i svaka je duša hostija!" Neka cijeli naš život postane proslava sjedinjenja naše duše sa Isusom!

Sestra Faustina je to dobro razumjela: "O milosrdni Isuse, s kakvom si željom požurio prema Cenakulu kako bi posvetio hostiju koju ću primati u svom životu!" Isuse, želiš boraviti u mom srcu i da se tvoja živa Krv sjedini s mojom! Tko će razumjeti ovaj bliski savez? Moje srce sadrži Svemogućega, Beskonačnoga. O Isuse, daj mi svoj božanski život! Neka tvoja čista i plemenita Krv udara svom snagom u mom srcu!

Dajem ti cijelo svoje biće. Promijeni me u sebe i učini me sposobnom ispuniti tvoju svetu volju i ljubiti te, o moj slatki zaručniče! "(DNEVNIK § 832.)

Ispričat ću vam jednu anegdotu do koje je došlo kada je sestra Briege McKenna [*] govorila na duhovnoj obnovi za svećenike sa ocem Kevinom koji ju je često pratio. Bili su u restoranu i blagoslovili su svoj obrok rekavši: „Gospodine, blagoslovi našu hranu i one koji nas okružuju, dođi i sjedni za naš stol i podijeli ovaj obrok s nama!" Tek što je završila govor ova sestra je ostala nepomična, očiju uprtih u prazninu. Otac Kevin pogodio je da ima viziju. Čim se oporavila, upitala je oca Kevina: „Jeste li vidjeli što sam ja vidjela? Pa, kad smo se molili i pozvali Gospodina za naš stol, vidjela sam ga kako ide prema nama i on mi je govorio. Ne mogu naći riječi kojima bih opisala njegovu ljepotu." Bila je uzbuđena i drhtala je. Nastavila je: „Rekao mi je tri stvari: „Kada sam voljen, poštovan i pozvan, uvijek dolazim!" Nepotrebno je reći, od tada je kod kuće Isus pozvan za svaki obrok! Razgovori više nisu isti. Pa zašto ga ne biste pozvali češće, čak i nekoliko puta dnevno? Ako jednog dana ne uspijemo otići na misu, ne iz lijenosti, nego zato što nas okolnosti sprječavaju u tome, uvijek možemo primiti duhovnu pričest ili *pričest želje*. Dovoljno je pozvati Isusa u naše srce i on će biti presretan da nevidljivo uđe u nas. Možemo umnožiti svoje duhovne pričesti iz sata u sat pozivajući Isusa da provede čitav dan s nama.

U ovoj desetici predlažem da učinimo lijepu duhovnu

---

[*] Sestra Briege McKenna je irska redovnica koja je vrlo poznata među engleskim govornicima. Ona propovijeda na obnovama za svećenike i putuje po cijelome svijetu kako bi evangelizirala, posebno govoreći o euharistiji. Dobila je posebne karizme iscjeljenja i spoznaje.

pričest. Izrazite želju da ga primite, u nazočnosti Djevice Marije, i pozovite ga svim srcem. On će doći!

„Djeluj u meni, o Isuse, popravi ono što je slomljeno, ispuni ono što je prazno, zacijeli moje rane, izliječi moje bolesti, istjeraj sve demone koji me opsjedaju i muče. Neka tvoja svjetlost zasja u mojoj tami, proslavi se u meni! Pridruži mi se u mojim patnjama, dodirni me u dubini srca, ispuni me svojim životom, Gospodine. Žedan sam tebe! Dođi i napoji me! O Gospodine Isuse, ti si najljepši od čovječje djece!"

Žalosna Otajstva

Postoji mnogo "razina" u ljubavi i veza među ljudima. Ako jedva poznajemo nekoga, pristupamo s površnim temama, poput „Kako ste? Lijepo je vrijeme!". Ali produbljujući taj odnos, učimo voljeti osobu i postupno mu otvaramo svoje srce. Upravo s onima koje najviše volimo i kojima najviše vjerujemo dijelimo svoje patnje, boli, intimne rane. Isto je i sa Isusom! Želi nas privući u svoje Srce i uspostaviti prisan i dubok odnos s nama kako bismo mogli dijeliti njegovu patnju. Što više volimo Isusa, više imamo udjela u njegovim patnjama i sve više želimo živjeti s njim u svakome trenutku. Isusa počinjemo ljubiti kada želimo dijeliti njegove muke i utješiti ga. To je prava ljubav, ljubav koja se nudi i daje, nema veze sa sebičnom ljubavlju koja sve privlači k sebi.

Razmišljanje o Isusu u njegovoj muci je najbrži i najučinkovitiji način kako bi bili poput njega. Korisno je prisjetiti se: postajemo ono o čemu razmišljamo. Razmišljajući o Isusu u ovom činu ekstremne ljubavi koja je njegova muka, mi upijamo njegovu ljubav: Isus nas prožima na božanski način, natapa nas svojim darovima i uljepšava našu dušu. Sam Isus rekao je mnogim svecima, uključujući sestri Faustini: „Kćeri moja, tvoje je suosjećanje prema meni olakšanje. Tvoja duša postaje izvanredno lijepa dok razmišljaš o mojoj muci."(Dnevnik § 1657). A isto tako: „Kada meditiraš o mojoj bolnoj muci, najviše mi se sviđaš. Ujedini svoje male muke sa svim mojim mukama kako bi dobile neizmjernu vrijednost pred mojim Veličanstvom." (Dnevnik § 1511)

Što smo bliži trpećem Isusu, to smo više obučeni u njegovu slavu. Sveti Pavao to jasno objašnjava u svojim pismima. Možemo razmatrati brojna otajstva, ali u žalosnim otajstvima zaista uranjamo u dubine Kristova srca. Napaja nas njegova veličanstvo i slava.

PRVO ŽALOSNO OTAJSTVO

Isusova agonija u Getsemanskom vrtu

ao i u prethodnim otajstvima, pozivam vas da zatvorite oči tijela i otvorite oči duše kako bismo u duhu otišli u Jeruzalem. Isusa smo ostavili u Cenakulu dok je on uspostavljao euharistiju. Kada je razlomio Kruh života, u potpunosti se prikazao, njegova žrtva je već bila ostvarena, preostala je samo fizička smrt.

Idemo s njim i slušamo ga kako zajedno s učenicima pjeva hvalospjeve (Mk 14,26). Ne ostavljajmo ga samoga, pratimo ga u ovoj mračnoj noći.

Stigli smo u Maslinski vrt. Još uvijek tražim Isusa očima duše. Evo ga! Kleči, svladan tjeskobom. Zatim ustaje kako bi se pridružio trojici apostola koji ga prate, svojim vjernim prijateljima, Petru, Jakovu i Ivanu kojima kaže: *„Duša mi je nasmrt žalosna; ostanite ovdje i bdijte sa mnom!"* (Mt 26, 38.) Ovaj poziv da mu prave društvo upućuje i nama! Rijetki su slučajevi kada je rekao: „Pođite sa mnom!" Ali Isusu je u ovom trenutku više nego ikada potrebna naša prisutnost, naša podrška. Želimo ostati s njim. Uvijek želimo ostati s voljenom osobom, i to ne samo kad je sve u redu i život nam se smiješi, nego uvijek, pogotovo kada su Isus ili naša braća u agoniji.

Isus je sam i napušten u najvećoj boli u Maslinskom vrtu. Njegov znoj postaje krv! Zbog čega je ta tjeskoba koja muči njegovu nutrinu? U tom času, Sotona mu pokazuje sve grijehe svijeta, od prvog dana kada je čovjek sagriješio, do kraja svijeta. Isus je vidio svaki od naših grijeha, jedan za drugim. U tom trenutku, uzima na sebe svo grešno čovječanstvo. Njegova duša prelazi granice prostora i vremena jer u božanskom svjetlu pomno promatra i osjeća život svih ljudi, svakoga posebno: naša odbijanja, prezir, ravnodušnost, tvrdoću, sarkazam, nečistoće svih vrsta, laži, užase i najgora djela. Vidi pogrđeno svoje euharistijsko tijelo, svetogrđa, crne mise i lakoću s kojom vrijeđamo taj izvanredni dar, euharistiju.

Sotona je tu jer je zlo uporno; dok je Isus napušten od svojih prijatelja i čini se preplavljen užasom naših grijeha, đavao ga pokušava uništiti. Čini sve kako bi ga obeshrabrio u nastavljanju puta. Kakvo strašno iskušenje kada mu pokazuje beskorisnost njegove žrtve za tolike duše: „Možeš vidjeti kako je sve što se spremaš učiniti apsolutno beskorisno. Ljudi samo griješe i nastavit će to činiti, tvoja misija je već neuspjeh . . . " A Isus je doista mogao razmišljati o beskorisnosti svoje žrtve za neke duše; već je znao da će neki odbiti njegovo milosrđe, čak i u zadnjim trenucima koji se daju duši kako bi se pomirila s Bogom. Mističarka Martha Robin koja je proživljavala Kristovu muku svaki tjedan kroz pedeset godina rekla je kako je Isus za vrijeme svoje muke „bio blizu sloma!"

Ali Isus ima tajnu vatru u svome srcu. Od trenutka začeća njegova jedina želja bila je ostvariti Očevu volju. Čak i sada, u trenutku ove najveće kušnje, čujemo ga kako govori: *„Oče! Ako hoćeš, otkloni ovu čašu od mene. Ali ne moja volja, nego* *tvoja neka bude!"* (Luka 22:42) Od djetinjstva je dobro znao kako je došao ispuniti volju svoga Oca. Ali kakva je to volja? Bog želi da se svi ljudi spase i otvore njegovoj neizmjernoj ljubavi za vječnost. Srce Isusovo gori od iste želje kako bi nas spasio. Njegova je ljubav snažnija od tjeskobe koja ga muči. Snažan je koliko i smrt koja ga čeka. Spreman je jer tijekom života nikada nije iznevjerio Očevu volju.

Sa Isusom smo, ali u trenutku tjeskobe smo uplašeni . . . Strah obuzima naš duh. Toliko se bojimo da smo sve napustili. Bojimo se da će Gospodin previše od nas tražiti, da će nam dati pretežak kalež! Naša ljudskost ga odbija, ona to ne može ni zamisliti! A naš odgovor je: NE! Ali što je Isus rekao? „Oče, ne moja volja, nego tvoja volja neka bude." Zahvaljujući ovoj molitvi Otac mu je dao novu snagu!

Ako ne slijedimo Isusa u njegovom DA, bit ćemo preslabi, nećemo uspjeti! Slijediti Isusa znači napustiti naše strahove i vjerovati Ocu, čak i ako se čaša čini previše gorka. Jedini izlaz je ponizno prikazati svoje strahove i odreći ih se. To se boji naša čovječnost! Što učiniti sa svim onim strahovima koji se bolno zalijepe za kožu? Strah od previše patnje, muke, umiranja, da budemo uništeni, zaboravljeni, da sve izgubimo . . .

Pozivam vas da predate Blaženoj Djevici sve te strahove i da sebe stavite u središte Božje volje. Kada se moramo suočiti s kušnjom i patnjom, obuzima nas takav strah da više ništa ne razumijemo. Što je još gore, maknemo Boga u stranu i sami se pokušavamo spasiti! Ne! To bi nas vratilo na početak! Umjesto da pustimo Božju ruku, još ćemo se jače privinuti uz nju.

Tijekom ove desetice koju zajedno molimo, ponovno uzmimo Mariju za ruku i dajmo joj svoj najveći strah. Znat će kako to baciti u plamen Isusova srca! Tko nas bolje od nje može osloboditi straha od Božje volje? Tko može reći da nikad nije poznavao strah? Zlo nas laže i želi nas uvjeriti kako izvršavati Božju volju znači suočiti se s bezbroj nesreća, strepnji, bolesti, kušnji, suza i katastrofa svih vrsta. Šapuće kako će nam, naprotiv, prianjanje uz duh svijeta i vršenje vlastite volje osigurati sreću i slobodu. Kakva ogromna laž! Kakve plodove beremo kada slijedimo vlastitu volju i zabludne privlačnosti u svijetu? Nekoliko bljeskova svjetlosti koji se vrte i žure u rastuću prazninu! S druge strane, jeste li ikad upoznali sveca koji je požalio što je svetac ispunjavajući Božji san o njemu, prianjajući uz njegovu volju? Svakako, ispunjenje njegove volje može nas stajati u početku. Ali što je to naspram plodova mira i duboke radosti koji proizlaze iz nje?

Ono što nam može puno pomoći jest kleknuti pored Isusovih nogu i posvetiti mu s jedne strane trenutak naše smrti, s druge strane način na koji ćemo umrijeti. Dakle, naš odlazak s ovoga svijeta unaprijed će mu pripasti, dogodit će se u miru, bez strepnje.

Isus je rekao sestri Faustini: „Kćeri moja, donesi odluku da se nikada ne oslanjaš na ljude. Učinit ćeš sjajne stvari ako se u potpunosti predaš mojoj volji i kažeš: „Ne onako kako ja hoću, već prema tvojoj volji, o Bože, tako neka bude." Znaj kako ove riječi izgovorene iz dubine srca u jednom trenutku uzdižu dušu do vrhunca svetosti." (Dnevnik § 1487.)

Gotovo da je teško povjerovati Isusovim riječima! Vrhunac svetosti u trenu? Nije li to ono što želim? Zašto se to čini tako jednostavno? Kad nas čuje naš Nebeski Otac kako izgovaramo ove riječi s dubokom iskrenošću, on u nama vidi svoga Sina! Prepoznaje Isusov Duh! Ovo je ključ: poistovjećivati se sa Sinom. U tom se trenutku intimno vjenčamo sa Isusovim duhom, jedno smo s njim. Ne shvaćajući to, radimo nešto puno veće od izgradnje bolnica ili bazilika! „Oče, evo me, spreman sam na sve. Ne moja, nego Tvoja volja neka se vrši."

Isusova agonija u Getsemanskom vrtu

Isus je dao još jedno obećanje sestri Faustini i drugim svecima koji su bdjeli s njim. Onima koji su ustrajali na euharistijskom klanjanju, osobnoj molitvi ili onima koji su ostali s njim u iskušenju. To su muškarci i žene koji su doista nastojali ostati ujedinjeni s Isusom u dubini svoga srca. Isus im kaže kao i Faustini: „Znaj, kćeri moja, da su mi tvoja gorljiva ljubav i samilost bili utjeha u Maslinskom vrtu."(Dnevnik § 1664.)

Kako je moguće utješiti Isusa u Getsemanskom vrtu dvije tisuće godina kasnije? Isusova agonija je završena! Kako sadašnja molitva može pomoći Isusu u njegovoj muci? Lako je razumjeti kada znamo da Božja milost nema granicu vremena ili prostora. Ono što danas svim srcem radim tješi Isusa u njegovom usponu na Kalvariju, a posebno u agoniji u Getsemanskom vrtu. Dakle, bdijući i u molitvi Gospodinu možemo prikazati neizmjerno blago! Kakvu utjehu tada dobiva, kada ga preplavi vizija svih grijeha svijeta! Ne treba ih nabrajati, jer danas smo tako često u izravnom kontaktu sa užasom grijeha! Vidimo koliko čovjek može griješiti: to je strašno i zastrašujuće! One čiste i bezgrešne oči, koje su isijavale samo ljubav, vidjele su strašne zločine i najgroznija djela. U Getsemanskom vrtu Isusa je ispunio tako snažni šok da se počeo znojiti krvlju!

Pitala sam doktora o krvavom znoju i on je odgovorio: „Nemoguće je da se čovjek znoji krvavim znojem osim ako ne doživi apsolutno grozan šok!"

I danas možemo utješiti Isusa u njegovoj agoniji. Dovoljno je bdjeti s njim, pokazati mu volju susresti ga u njegovim patnjama i u patnjama drugih, njega koji pati u svakome od nas.

Molimo ovu deseticu zatvorenih očiju kako bi bolje vidjeli Isusa! Razmišljajmo o njegovom božanskom licu koje je crveno od krvi i okupano suzama. Bacimo svoje strahove u Marijino srce. Čineći tako, ne samo da ćemo ostati u njegovom društvu, već ćemo biti jedno s njim: jedan Duh, jedna molitva. „Oče, ne moja, nego tvoja volja neka se vrši!" Najljepša molitva na svijetu!

DRUGO ŽALOSNO OTAJSTVO

Bičevanje Isusa

 U drugom žalosnom otajstvu ulazimo sa Isusom u dvorište guvernera. Čujemo Pilatovu osudu koji odlučuje, protiv svoje savjesti, osloboditi ubojicu i osuditi Isusa na smrt, i to smrt na križu. Međutim, započinje s bičevanjem, mučenje rezervirano za najgore zločince. Isus savršeno zna što ga čeka, spreman je! Zakon je za bičevanje predviđao ograničen broj udaraca kako osuđenik ne bi umro, ali su njegovi krvnici, u svom demonskom nasilju, prestali brojati. Ljudsko tijelo nikada nije moglo toliko izdržati, pogotovo nakon agonije u Getsemaniju, bilo je previše! Sveta Brigita iz Švedske htjela je znati broj udaraca nanesenih Isusu za vrijeme njegove muke i Gospodin joj je otkrio da je u tim posljednjim trenucima svog života primio 5,480 udaraca bičem. Trebao je podleći ovoj lavini udaraca, ali morao je izvršiti svoje veliko djelo Otkupljenja. Nije sebi mogao priuštiti smrt. Ako je uspio preživjeti bičevanje, to je bilo zato što je još jednom zazvao Oca kako bi dobio snagu za sve izdržati.

Ja sam blizu Isusa i razmišljam o njegovom božanskom tijelu koje je čitavo prekriveno krvlju, otvorenim ranama . . . Nije pošteđen ni jedan centimetar njegove kože! Ponovo postajem dijete koje je započelo ovo putovanje ruku pod ruku s Blaženom Djevicom. Promatram je. Ona svemu prisustvuje! Svaki udar u njoj odjekuje i srce joj se razdire. Ona zna: legije anđela spremne su intervenirati kako bi njezinog sina oslobodili iz ove situacije. S njom promatram Isusa kako postaje živa rana i dirnuta sam jer njegovo lice ne izražava mržnju. Ni traga gorčini, ljutnji ili frustraciji. U njegovom pogledu prekrivenim krvlju vidjela sam ljubav i oproštenje, ljepotu srca koje ljubi usprkos pretrpljenoj patnji. Kako Gospodin uspijeva ostati u ljubavi?

Isus je usredotočen na ogromnu želju koja vlada u njemu nad svime ostalim: spasiti nas pod svaku cijenu! Želi nas zauvijek imati sa sobom! Nema riječi o napuštanju! Njegova ljubav prema nama drži ga na životu, i u samom srcu užasa čuva ovaj apsolutno ludi san—usrećiti nas za vječnost. Ali kad primim i jedan mali udarac, priznajem da moja prva reakcija nije ni ljubav ni milosrđe, već bijes, frustracija i želja uzvratiti! Trebam vremena kako bih prihvatila opraštanje. Razmišljajući o Isusu, dolazi mi želja da naučim od njega kako ući u milosrđe.

Kada smo ranjeni, postajemo ranjivi i neprijatelj odmah prilazi našoj rani kako bi je zarazio i učinio je nepodnošljivom. Stručnjak je za metode infekcije! U džepu ima toliko virusa, toliko otrova na raspolaganju! I kako ih ubrizgava u našu ranu? Pomislite na sve što nam prolazi kroz glavu u patnji. Sotona sugerira našoj savjesti vlastite misli, vlastite osjećaje. Primjerice, iskušava nas mislima očaja. „Pogledaj, toliko si već pretrpio u životu, ovaj put je previše. Dosta je! Završi sa svojim životom! Danas samoubojstvo i nije velika stvar. Vidjet ćeš. Za nekoliko minuta tvoja će patnja biti gotova!" Sotona nas također puni osjećajima mržnje i osvete. „Jesi li vidio onog tamo, svu štetu koju ti je nanio? To je tako nepravedno!

Moraš mrziti njega i cijelu njegovu obitelj i uništiti njegov ugled! Neka i on jako pati. To i zaslužuje!" Možda će nam Sotona prići s mislima o sumnji ili pobuni protiv Boga. „Ali tko je taj Bog koji ti je poslao ovu kušnju? Mislio si da je Bog dobar, milostiv? Pogledaj u kakvo te je stanje stavio! Ne vjeruješ valjda da se s milijardama stanovnika koji naseljavaju zemlju zanima za tebe? Ne budi tako naivan! To ti neće ništa pomoći! Ne gubi vrijeme nedjeljom! Misa je beskorisna! Živi život bez njega, napokon ćeš biti slobodan!"

Mogu dodati mnoge druge primjere otrova. Tko u sebi nije opazio taj perverzan i uporan glas koji može ići i do opsesije? Budimo oprezni. Sotona je inteligentan i dobro poznaje našu slabost. On vrlo dobro zna kako iskoristiti naše slabe točke kako bi zarazio naše rane i učinio ih nepodnošljivima.

Kako onda razabrati da nas iskušava on—naš smrtni neprijatelj? Ništa lakše! U evanđelju nalazimo Isusov Duh na djelu u njegovim riječima i djelima. Možemo sebi postaviti pitanje: bi li mi Isus predložio da okončam svoj život? Zasigurno ne jer došao je zbog života! Bi li mi rekao da mrzim svoga neprijatelja? Naprotiv, zapovijeda mi da mu oprostim, pa čak i da ga volim!

U tim iskušenjima treba učiniti samo jedno: isključiti se! Apsolutno! Hrlimo u Isusov zagrljaj govoreći: „Isuse, vidiš da Neprijatelj dolazi kako bi me napastovao! Ali sve te misli su njegove; ne želim ih! One nisu moje; odbijam ih i odbacujem! Odlučujem slušati tvoj Duh, Isuse!" Vodimo dobru borbu koja je od životne važnosti za našu dušu. Nije lako, ali je vrlo plodonosno.

Jer ako slijedimo zle savjete i upute neprijatelja, što ćemo dobiti? Mnogo ćemo više patiti i izgubit ćemo mir. Umjesto toga, sa svakim podmuklim iskušenjem neprijatelja, okupimo se na molitvu i pitajmo sami sebe: „Je li bi mi Isus to rekao?"

Hvala Bogu, i Isus se približava našim ranama. Nikada nas ne napušta. Njegov će govor biti posve drugačiji, čak i suprotan govoru Sotone. Isus prilazi jer nas ljubi i pati s nama. Sotona osjeća samo mržnju prema nama i želi nas odvratiti od Boga. Nikada to ne zaboravite!

Isus će nam također govoriti, ali na potpuno drugačiji način: s poštovanjem, nježnošću i poniznošću. Duboko poštuje našu slobodu i jedva da ga možemo čuti. Njegov glas je poput šaputanja u dubini naše duše, a ovaj božanski šapat možemo čuti samo u molitvi i kontemplaciji. Što bi nam Isus rekao? „Ne boj se, to sam ja! Ja sam s tobom. Pogledaj moje ruke, noge i moj bok. I ja sam patio. Ne boj se jer ćemo ti i ja zajedno uspjeti. Prepusti se meni u potpunosti!"

Kada Isus vidi kako smo spremniti predati mu se, traži od nas još jednu uslugu: „Daj mi svoju ranu, prikaži mi svoju patnju. Predaj mi je!" Ako mu iz dubine srca predamo svoju ranu, prihvatit će je kao vrlo dragocjeni dar. Odsada je to njegova rana. Dala sam mu je i pripada mu. Ali što će s njom učiniti? Zašto ju je tražio od mene? Stavit će je na ranu vlastitoga srca tako da će moja i njegova rana postati jedna stvarnost i samo jedna rana. Tada će moja jadna, ljudska i bijedna rana postati božanska jer od sada pripada Isusu! Moja rana je tako postala njegova rana, samo jedna rana sjedinjena s njegovom! Tada je on oblikuje i preobražava! Što je izašlo iz rane u Isusovom srcu? Gorčina? Mržnja? Očaj? Pobuna? Zasigurno ne! Ta božanska rana nam prenosi svoja najveća blaga: svjetlost, ljubav, milosrđe, utjehu, ozdravljenje, mir, radost, oslobođenje, sve sakramente i sve milosti za naše spasenje.

Važno je razumjeti kako donijeti prave odluke kada dođemo u kušnju: hoću li slušati glas neprijatelja koji me želi uništiti ili ću se isključiti od njega, moliti i slušati glas moga dragoga Gospodina koji me želi spasiti? U prvom slučaju, postat ću jadna i biti uzrok jada mojoj obitelji. U drugom slučaju, primit ću utjehu i radost te ću pomoći Isusu u njegovom božanskom planu spasenja. Možda čak i spasenja mojih članova obitelji?! Svima nam je dana sloboda izbora, tako da je potrebno malo odlučnosti . . .

Ako stavim svoje rane u Isusovo probodeno srce, tada sudjelujem u tom toku ljubavi koji izvire iz njega i spašava svijet. Nevidljivo sudjelujem u djelu Otkupljenja koje je izvršeno preko Isusovih patnji. Velika je to tajna, uzvišeno je to otajstvo! Sa Isusom radim na najljepšem djelu koje postoji: otkupljenju svijeta! Postajem suotkupitelj. Umjesto da postanem nepodnošljiva drugima i sebi zbog moje patnje, postajem anđeo utjehe i mira. Nije to moj mir koji dajem, nego Božji mir koji se širi preko mojih preobraženih rana, ljudskih rana koje su postale božanske.

Isus zna da su njegove rane izvor pristupanja Kraljevstvu nebeskom. Prorok Izaija to je unaprijed vidio jer je napisao: „Njegove nas rane iscijeliše." Ako stavimo svoje rane u njegove, pomažemo Isusu i širimo djelo spasenja na mnoge duše. Mala Terezija od Djeteta Isusa je to vrlo dobro shvatila. Od djetinjstva, kad god je imala fizičku ili moralnu patnju, govorila je Isusu: „Uzmi, to je za tebe, to je tajni dar za tebe!" I što je Isus činio? Je li rekao prezirno: „Ali što mi ona daje? Što je to?" Ne, naprotiv! Odmah je uzeo tu prikazanu ranu i pretvorio je u slavnu ranu ujedinjujući je sa svojim patnjama.

Moja slabost i bijeda privlače Isusov milosrdni pogled jer je On sam može preobraziti i učiniti je putem spasenja. Kada kaže: „Žedan sam!" očito je kako treba piti jer je potpuno dehidrirao, ali u tome je dublje značenje. Ima neodoljivu žeđ za pretvaranjem naših rana u milost i mir.

Uzimanjem naših rana na sebe, Isusova božanska snaga može u cijelosti djelovati u svijetu. Mala Terezija je dobro znala kako je, dajući boli i patnje Isusu (prema tome, i svoje rane!), postajala suotkupiteljica. Blažena Djevica također nam govori:

"Draga djeco! Danas vas pozivam da prikažete svoje križeve i trpljenje na moje nakane. Dječice, ja sam vaša majka i želim vam pomoći tražeći za vas milost kod Boga. Dječice, prikažite svoje patnje kao dar Bogu, da postanu prelijepi cvijet radosti. Zato, dječice, molite, da shvatite da patnja može postati radost i križ put radosti. Hvala vam što ste se odazvali mom pozivu!" (25. RUJNA 1996.)

Zaista prikažimo Isusu svoje patnje s pouzdanjem i ljubavlju. Postoji samo jedan Spasitelj, jedan Otkupitelj, jer nas je samo njegova božanska krv mogla otkupiti. Ali nemojmo zaboraviti da smo mistično Kristovo tijelo i u tome možemo pomoći Otkupitelju kako bi spasio duše surađujući u njegovom djelu otkupljenja. To je nešto veliko!

Krštenjem smo postali svećenici, proroci i kraljevi. Zahvaljujući daru kraljevskog svećenstva vjernika, imamo priliku prikazati same sebe i cijeli svijet postajući tako suotkupitelji. Moje prikazane rane pružit će novu snagu čitavom čovječanstvu svih vremena, njegovom živom i stvarnom mističnom tijelu! Na Nebu ćemo razmatrati sjaj naših najmanjih žrtava. Prikazanje moje patnje može pomoći Isusu spasiti dušu koja propada zbog pobune prema Bogu da se otvori i učiniti je spremnom primiti Njegovu milost. Ona može pomoći Isusu kako bi ohrabrio svećenika u poteškoćama, pomogao bolesniku kako bi podnio bol i prikazao je, može pomoći nevjerniku kako bi pronašao vjeru, grešniku kako bi se pokajao, djetetu da izbjegne pobačaj, mladiću da više ne očajava . . .

„Patnja prolazi; da smo patili ostaje," govorila je Mala Terezija.

Očito je da je patnja sama po sebi zlo. Gospodin je nije stvorio. Ona je posljedica grijeha. No Bog, vidjevši u svojoj neizmjernoj ljubavi koliko patimo, pronašao je način kako promijeniti tu patnju u moć spasenja za svijet: evo smisao njegova križa! Najgori grijeh koji je čovjek počinio bio je ubojstvo Stvoritelja života! Nije mogao učiniti gore od toga! Ali, po veličini svoje ljubavi, Bog je preobrazio taj užasni čin u razlog za naše spasenje. Ako je tako djelovao preko svoga križa, isto će učiniti i za naš križ. Zato se kršćanin ne bi trebao bojati patnje jer kroz Isusovu neizmjernu ljubav, postaje izvanredni izvor otkupljenja!

Marija nam govori: „Malo je ljudi shvatilo veliku vrijednost patnje kada se prikaže Isusu." (Poruku je prenijela Vicka) Također kaže: „Draga djeco! Danas vas na poseban način pozivam, da uzmete u ruke križ i da promatrate rane Isusove. Tražite od Isusa da ozdravi vaše rane, koje ste, draga djeco, tijekom vašega života zadobili zbog vašega grijeha ili grijeha vaših roditelja."(25. OŽUJKA 1997.) Marija potvrđuje da Isus može iziječiti sve vrste patnje.

U mojoj dobi, možda sam već prekrivena ranama jer takav je život, putovanje puno nezgoda! Ali u bilo kojem datom trenutku, čak i u trenutku kada je Isus bio izvrgnut bičevanju, mogu se sjediniti s Njim kako bih postala netko tko prenosi Njegovo svjetlo. Moje žalosti postaju izvor iscjeljenja, utjehe i slave!

U ovoj desetici, zatvorimo naše tjelesne oči, otvorimo oči naše duše i pogledajmo Isusa: njegovo tijelo, njegovo lice prekriveno modricama, ali u isto vrijeme puno svjetla, ljubavi i slave. Dajmo mu naš najveći križ, skrivenu ranu koja nas najviše boli, onu o kojoj ni s kim ne možemo podijeliti. Prikažimo je njemu kako bismo ga utješili: tada On može djelovati kao Spasitelj. Moj će grijeh postati prekrasan miris i moja bol postat će radost.

TREĆE ŽALOSNO OTAJSTVO

Isus je okrunjen trnovom krunom

Nastavimo naše putovanje! Još uvijek smo u Jeruzalemu gdje je Isus dobio trnovu krunu. Okružuje ga nekoliko vojnika i, kako piše sveti Matej: *„Svukoše ga pa zaogrnuše skrletnim plaštem. Spletoše zatim vijenac od trnja i staviše mu na glavu, a tako i trsku u desnicu. Prigibajući pred njim koljena, izrugivahu ga: »Zdravo, kralju židovski!« Onda pljujući po njemu, uzimahu trsku i udarahu ga njome po glavi."*
(Mt 27, 27-30)

Nalazimo se pokraj Isusa i oči našega srca su usmjerene na Njega. Isus je tih. Okružuju ga ljudi žedni krvi, udaraju ga i ponižavaju na svaki način: izazivaju ga, ali Isus i dalje šuti! Pomno promatram Isusovo lice prekriveno krvlju, blatom i pljuvačkom te mogu vidjeti sjaj ljubavi kako izlazi iz njega. Isus i dalje ostaje u tišini jer u ovome trenutku nastavlja prekrasno djelo . . . Moli za one koji ga muče; čini dobro onima koji ga ranjavaju. Takav je Isusov način!

Čak i ne može vidjeti one koji ga okružuju jer su mu oči još uvijek natopljene krvlju. Jedva da vidi obrise ispred sebe, ali što vidi? Nije ga odbila monstruozna ružnoća ovih ljudi; ne koncentrira se na njihovu okrutnost ili na ona lica iskrivljena nasiljem.

Što vidi? Ispod mržnje i prezira, On vidi dušu stvorenu od Boga koja je puna velike nježnosti. „Draga djeco, kada biste vidjeli nježnost u najdubljoj nutrini svake osobe, voljeli biste sve ljude, čak i najzlobnije." (Jeleni Vasilj za molitvenu grupu)

U svakoj duši vidi ogroman potencijal za ljubav; vidi odsjaj Očeve slike, Stvoritelja, u dubini duše ovih divljih zvijeri! Isus toliko voli njihova srca da razmišlja samo o ostvarenju svoje velike želje: dovesti sve duše u raj svome Ocu gdje će živjeti za svu vječnost! Ne misli na ništa drugo i to mu daje snagu da pretrpi trnje koje mu probada glavu. Sada nosi tu krunu poniženja koja ismijava njegovo pravo i nebesko kraljevstvo. Razmišljam o toj božanskoj vatri koja izražava neograničenu ljubav i koja se suočava s ovom kušnjom bez oklijevanja. I ja želim voljeti s toliko žara! Kada razmatram njegovo izobličeno lice, upijam ljubav, ljepotu i poniznost Boga . . . Postajemo ono što razmatramo: to je veličina krunice!

Sigurna sam u to: kada s ljubavlju razmatramo Isusovu muku, sva njegova ljepota prodire u nas. To je najučinkovitija metoda kako se zaogrnuti Isusovim veličanstvom. To je povjerio s. Faustini: „Kćeri moja, tvoje suosjećanje za mene je utjeha. Tvoja duša se oblači u izvanrednu ljepotu kroz razmatranje moje muke." (Dnevnik § 1657) Dodaje:

„Jedan sat razmatranja moje bolne muke ima veću zaslugu nego godinu dana bičevanja do krvi. Razmatranje mojih bolnih rana je od velike koristi za tebe, a meni je uzrok velike radosti." (Dn §368)

Isus nastavlja: „Malo je duša koje razmatraju muku sa istinskim suosjećanjem. Najveće milosti dajem dušama koje pobožno razmatraju moju muku." (Dn §737)

I ja žarko želim ući u njegov plan spasenja, u njegovo spasiteljsko plamteće srce! Želim sudjelovati u njegovom

Isus je okrunjen trnovom krunom

kraljevskom veličanstvu. Isus je Kralj, ne po kruni od zlata koja je prikazana na nekim slikama ili zato što je imao većinu glasova. Ne! On je Kralj jer daje svoj život iz ljubavi; to je pravo Isusovo kraljevstvo!

Za vrijeme razmatranja, želim mu dopustiti da me preobrazi i, dok sam tamo, plačući nad njegovom trnovom krunom, mogu vidjeti kako On osjeća moju ljubav i pokušava susresti se s mojim pogledom; želi mi prenijeti svoju ljepotu. Duboko se divim poniznosti moga kralja koji dopušta da ga zlostavljaju bez opiranja; njegova božanska poniznost nježno me prožima kroz njegov krotki pogled. Razmatram njegovo milosrđe dok skrovito zagovara za svoje mučitelje. Dopuštam mu da mi prenese tu milost i snažno prodire u mene. Od ovoga trenutka mogu oprostiti svojim neprijateljima, nešto što ljudski nije moguće.

Ponekad se gotovo sramimo zbog patnje koju je Krist podnio. U našim zemljama koje imaju čak i kršćanske korijene, ljudi uklanjaju križ iz škola, bolnica i svakog javnog mjesta. Sramimo li se Isusove patnje? Ako otjeramo Otkupitelja iz svijeta, odričemo se svoga otkupljenja! Naprotiv, trpeći Isus je naš ponos i radost! Svaki put kad naše oči s ljubavlju gledaju na Isusa okrunjenog trnjem na križu, On je duboko dirnut, spreman utješiti nas, izliječiti nas i osloboditi od naših tereta!

Vidjelica Vicka mi je ispričala što se dogodilo u Međugorju na Veliki petak 1982., otprilike godinu dana nakon početka ukazanja

„Gospa nam se ukazala s odraslim Isusom (obično se ukazivala s Djetetom Isusom samo za Božić). Ali tog dana, Isus je trpio svoju muku. Nosio je trnovu krunu, crveni ogrtač prekriven blatom i rastrgan, plašt koji su vojnici stavili na njega kako bi ga ismijavali. Na njegovom licu, natečenom i blijedom, prekrivenom pljuvačkom i krvlju, mogao si vidjeti tragove udaraca koje je podnio. Bilo je to užasno za vidjeti! Tada nam je Gospa rekla: „Danas sam došla s mojim trpećim Sinom kako biste vidjeli koliko vas voli i koliko je propatio zbog vas."

Upitala sam Vicku: „Je li ti Isus nešto rekao?" „Ne," odgovorila je Vicka, „nije ništa rekao, ali pogledala sam mu u oči i u njima sam vidjela toliku nježnost i toliku ljubav da je to za mene bilo snažnije od riječi. Nikada neću zaboraviti Isusovo lice!"

Sada me Isus gleda ravno u oči. Zna sve o meni. Daleko od ružnoće i srama zbog mojega grijeha, On vidi samo dušu koju treba spasiti. Preplavljen je ljepotom moje duše. Njegov pogled ide u dubine mojega bića te mi kaže: „Dijete moje, kako si prekrasna! Nemoj se obeshrabriti zbog svojega grijeha! Volim te i vidim te onakvom kakva zaista jesi. Želim te spasiti; dođi u moj zagrljaj!" Tako me on ponovno stvara i prenosi mi svoj božanski duh.

U Međugorju Blažena Majka često govori svojoj molitvenoj grupi:

„Sada se vratite kući i razmišljajte o žalosnim otajstvima krunice pred križem! Posvetite svoje domove križu moga Sina. Ako nemate svećenika koji bi to učinio, učinite to sami. Stavite križ u svojim domovima tako da ga svi mogu vidjeti i recite Gospodinu: „Gospodine, ovo je tvoja kuća, posvećujemo je Tvome križu!" Vidjet ćete da će se obilje milosti spustiti na vas." (Jeleni Vasilj)

Za vrijeme ove desetice, gledajmo u Isusa i dopustimo mu da duboko djeluje u našim dušama. Neka nas preobrazi, oblikuje, obogati! Neka od nas učini kraljeve kako bi ljubav koja nam je data na dan našega krštenja vladala s njim u njegovom veličanstvenom kraljevstvu gdje nema ni mržnje, ni zloće, niti tame niti suza! „Moje kraljevstvo nije od ovoga svijeta," govori Pilatu. Pravo Isusovo kraljevstvo možemo naći u blaženstvima: čistoća srca, krotkost, milosrđe, mirotvorstvo i progonstvo zbog pravde. U ovome trenutku, pod Isusovim budnim okom, dočekujem njegovo kraljevstvo.

ČETVRTO ŽALOSNO OTAJSTVO

Isus nosi teški križ

Isus je sada iscrpljen od tolikog umora. Vojnici grubo stavljaju križ na njegova ramena ne razmišljajući o otvorenim ranama koje je zadobio za vrijeme bičevanja. Okrutno mu se smiju. Blizu sam Isusu i promatram ga dok ga zlostavljaju oni koji se nalaze oko njega. Prima svoj križ kao što muškarac dočekuje ženu koju voli i koju je dugo iščekivao zagrliti. Sagne se kako bi poljubio drvo križa i moli se Ocu u skrovitosti. To je nevjerojatno! Isus prima križ kao dar od Oca, dar koji je iščekivao trideset i tri godine! Konačno može zagrliti drvo križa. Zna da je ovaj križ sredstvo našega spasenja, zato ga grli s toliko žara. Niti jedna jadikovka ne izlazi iz njegovih usta, samo hvala. Čas koji je tako dugo iščekivao napokon je došao! Isus se zaustavlja i prošapta duboku zahvalu svome Ocu za dar križa. Sada ga može dodirnuti, prigrliti i biti pribijen na njega.

Sveti Franjo Saleški, veliki biskup iz Geneve, piše:

„Vječni Bog je u svojoj mudrosti uvijek vidio križ koji ti daje kao dar iz dubine svoga srca. Gledao je ovaj križ koji ti danas šalje sa očima koje sve vide i shvaćao je s božanskim duhom. Odvagnuo ga je na vagi svoje velike pravde. Ugrijao ga je u svojim rukama punim ljubavi. Izmjerio ga je vlastitim rukama kako bi se uvjerio da nije ni centimetar prevelik ili gram pretežak za tebe. Blagoslovio ga je svojim svetim imenom. Posvetio ga je svojom milošću. Namirisao ga je svojom utjehom. I pogledao te po zadnji put, uzimajući u obzir tvoju hrabrost. Poslao ga je iz raja kao vrlo poseban pozdrav za tebe i znak njegove milosrdne privrženosti."

Ja sam taj križ za Isusa. Sada sam u njegovim rukama i mogu posvjedočiti ljubav s kojom me on drži. Osjeća težinu mojih grijeha, ali me ipak s ljubavlju nosi na svojim ramenima. Koliko god ga to stajalo, želi me nositi do vrha Kalvarije tako da smrću na križu može uništiti moje grijehe. Duboko smo sjedinjeni, Isus i ja: mi smo jedno!

Ali Isus je iscrpljen; izgubio je toliko krvi! Težina križa je muka i lomi mu desno rame. Pod trenjem drvene grede meso mu nestaje, a vide se kosti. Ne možemo zamisliti Isusovu patnju. Ne može više! Vojnici to vide. Boje se da će Isus umrijeti na putu. To ne bi bilo dobro za njih jer su dobili stroge upute: osuđeni čovjek mora doći do mjesta svoga raspeća!

Pozovu čovjeka koji prolazi, Šimuna Cirenca koji se vraća s posla i kažu mu da nosi Isusov križ. On je vrtlar u okolici Jeruzalema te radi za bogate židovske zemljovlasnike. Nakon radnog dana, nije mu drago što mora pomoći kriminalcu nositi njegov križ! Kako ponižavajuće! Ali zna kako biti neposlušan Rimljanima može biti opasno. Mističari svjedoče kako je nasilno zgrabio križ pun srdžbe te je tako naškodio Isusovim ranama. Ali Isus nije ništa zamjerao Šimunu jer je bio grub s njim. Ponizno je sebi dopustio da bude ranjen, ali odjednom, pao je te je i Šimun također izgubio ravnotežu. Pod križem su se našli licem u lice. Ali, što je Isus tada učinio? Zadržao je pogled na Šimunu. Bez zamjeranja, bez gorčine. Isus je otvorio svoje srce, a Šimun je bio zatečen kada je otkrio Isusovo lice

Isus nosi teški križ

u blatu, s krvavim suzama i svim drugim što ga je izobličilo. Zadnje što je očekivao bilo je pronaći takvu nježnost, takvo svjetlo u ovom osuđenom čovjeku. Jednostavno nije mogao vjerovati! Njegova duša bila je dotaknuta. U tom trenutku Šimun je postao Isusov učenik, spreman učiniti sve kako bi mu pomogao, kako bi ga zaštitio od brutalnosti vojnika te čak ga i braniti pod rizikom vlastitog života. Šimun je nosio križ do Kalvarije za Isusa. Poslije je postao vrlo aktivan učenik u prvoj crkvi zajedno sa svoja dva sina, Aleksandrom i Rufusom koji se spominju u Evanđelju po Marku (Mk 15, 21)

Ovaj nas primjer uči toliko stvari! Kada težina križa pritišće naša ramena protiv naše volje, ostaje samo jedno rješenje: gledati u Isusa, usmjeriti pogled samo na njega kad god nas pozove da s njim nosimo križ. U trenutku kušnje zasigurno ne bismo smjeli gledati u sebe ili plivati u oceanu naše tame! Potonut ćemo! Mogli bismo upasti u crnu rupu ako budemo razmišljali o našem siromaštvu! Gledanje u naše rane čini nas depresivnima dok nas promatranje Isusovih rana liječi. Usmjeriti se na Isusa jedini je način za nošenje križa, a da ne padnemo. Razmatrajući Kristovu patnju, sudjelujući u njegovoj muci, pronalazimo snagu i milost.

Kathleen, prijateljica vidjelice Marije iz Međugorja, to je iskusila. Jedne večeri 1985. bila je u potpunosti iscrpljena jer je zajedno sa svojom molitvenom grupom provela cijele noći na brdu i, kako bi stvar bila gora, bila je sama u kući. Te noći, njezin duhovnik dao joj je dopuštenje da ode ranije u krevet dok su drugi išli na Križevac. To je dopuštenje bilo pravo čudo! Eto je u kući, sama i sretna što će konačno moći spavati i oporaviti se od nakupljenog umora. Njezina je soba bila na drugom katu. Jedva da je imala snage uspeti se stepenicama, svaki je korak zahtijevao puno truda. Najednom se sjetila nekoga tko je upao u vrlo tešku situaciju. Obećala je toj ženi da će upravo te noći moliti za nju. Ostavila je to obećanje i odlučila odgoditi tu molitvu do sljedećeg dana. Ali čim je uspjela prijeći i preko zadnjih stepenica, sjetila se poruke koju je Djevica Marija dala Mariji:

„Kada znate kako je Božja volja da nešto učinite za njega, ali nemate snage, molite se Nebeskome Ocu da vas obnovi i On će vam dati snagu!" (MOLITVENOJ GRUPI)

Kathleen je odbijala tu poruku. „Ne, ne želim tu snagu. Čeka me krevet!" Ipak, osjećala je da Gospa traži njezinu molitvu. Ponovno se pokušala oduprijeti: „Draga moja Majko, želim ići u krevet. Imam dopuštenje otići u krevet!" Zatim, shvativši da ovaj unutarnji osjećaj neće otići, naposljetku se predala milosti. Kleknula je i zazvala Nebeskoga Oca svom svojom snagom: „Oče, obnovi me sada i daj mi snage za molitvu!" Kathleen kaže da se u tom trenutku osjetila obnovljeno tako da se uspela na drugi kat u kapelicu, lagana kao pero te je molila cijelu noć. U zoru se osjećala svježa kao tratinčica, kao da je spavala osam sati. Otac ju je obnovio. Naša Majka Marija nije nikada u krivu!

Jasno je da je i Isus u svojoj muci zazivao Oca bez prestanka kako bi imao snage doći do Kalvarije i njegova je molitva bila uslišana! Šimun Cirenac mu je pomogao tako što je uzeo križ iz njegovih ruku i nosio ga za njim. Je li Isus prihvatio Šimunovu pomoć? Da. Ali zar nije izjavio: *„Hoće li tko za mnom, neka se odrekne samoga sebe, neka uzme svoj križ i neka ide za mnom."* (MT 16, 24) Isus je vrlo dobro znao da bi za neke ljude bilo nemoguće razmišljati o uzimanju križa: križ ih je već uništio; slomila ih je patnja, ljudska okrutnost, alkohol, droga, duševna bolest. Njihova snaga da izvrše Božju bolju svedena je na nulu. Kako bi itko od njih mogao zatražiti da

Isus nosi teški križ

nose svoj križ kako je to Isus činio? Za ove slomljene, bilo bi nemoguće! Isus, u svome neizmjernom suosjećanju, nije htio da se itko od ovih malenih stidi i ne uspije u činjenju onoga što je zapovijedio tako da je postao slab i stavio sebe na zadnje mjesto kako bi mogli reći: „Isus je bio sa mnom, nije ni on više mogao. Isus je bio kao ja!" Kada nije mogao nositi svoj križ, mislio je na malene koje je volio, posljednje od posljednjih. Htio im je pokazati da ni on nije uspio sam. Za sebe je ostavio zadnje mjesto.

Isus je vrlo često govorio o svojoj patnji najboljim prijateljima, misticima, svecima; rekao je sestri Faustini:

„Vidiš, one duše koje su mi slične u patnji i preziru, također će mi biti slične u slavi; a one koje su najmanje poput mene u patnji i preziru, bit će mi najmanje slične u slavi." (Dn § 446)

Isus nam također govori o opraštanju: „Učenice moja, imaj veliku ljubav prema onima koji ti uzrokuju patnju. Čini dobro onima koji te mrze." (Dn § 128) Sestra Faustina odgovorila mu je žalosno: „O moj Učitelju. Vidiš vrlo dobro da ne osjećam ljubav prema njima i to me uznemiruje." Isus je odgovorio: „Nije uvijek u tvojoj moći kontrolirati svoje osjećaje. Prepoznat ćeš da imaš ljubavi ako, nakon što si iskusila neugodu i protivljenje, ne izgubiš mir nego moliš za one koji su prouzročili da patiš i želiš im dobro." To je to. Pravo opraštanje nije u osjećajima, na sreću! Životni put je dugačak.

Kada nosimo križ, dobro je gledati u Isusa koji je oprostio svima, čak i nama. Samo moramo otvoriti svoja srca kako bismo primili njegovo praštanje i dali ga drugima. Nije nemoguće nositi križ s ljubavlju jer nam Isus kaže: *„Dođite k meni svi koji ste izmoreni i opterećeni i ja ću vas odmoriti. Uzmite jaram moj na sebe, učite se od mene jer sam krotka i ponizna* *srca i naći ćete spokoj dušama svojim. Uistinu, jaram je moj sladak i breme moje lako."* (Mt 11, 28-30)

Postoji velika razlika u tome kada sami nosimo križ i kada ga nosimo sa Isusom! Kada ga nosimo sami, brzo postanemo ljuti, obeshrabreni ili slomljeni. Gospa je rekla: „Bol bez vjere vodi u očaj." (2. ožujka 2018.) Naprotiv, kada nosimo svoj križ sa Isusom, ovaj put postaje putovanje svjetlosti te čak i radosti. U Međugorju nam Marija kaže: „Draga djeco, neka vaš križni put postane put radosti!" (25. rujna 1996.) Isus može promijeniti naš križ u radost te čak u slavu! Ljubav je ta koja donosi ovu preobrazbu!

Za vrijeme ove desetice, kako se nalazimo sa Isusom na križnom putu, prepustimo se u njegove ruke; dopustimo sebi da nas On nosi. Živimo tako kao supruga u naručju svog supruga. To je Isus učinio noseći križ. Isus je povjerio ovu tajnu sestri Faustini: „Kćeri moja, danas razmatraj moju žalosnu muku u svoj njezinoj neizmjernosti. Razmišljaj o njoj kao da je pretrpljena samo zbog tebe." (Dn § 1761)

Evo me u tvojim rukama, Isuse! Nisam ja ta koja nosi križ, već mene nosi tvoj križ. Zauvijek me nosi, Isuse! Znam da je tvoja sreća nositi me i spasiti me. Evo me, Isuse! Želim ostati u tvome zagrljaju!

PETO ŽALOSNO OTAJSTVO

Isus umire na križu

Upravo smo svjedoci najužasnijoj—i ujedno najljepšoj—sceni u povijesti svijeta. Užasnoj jer smo mi, Božja djeca, ubili Tvorca života; najljepšoj jer Stvoritelj života umire za otkupljenje svih nas grešnika te pere naše zločine svojom vlastitom krvlju. Koga nalazimo podno križa? Mariju, Ivana, Mariju Magdalenu, Mariju, ženu od Kleofe, Zebedejevu ženu i druge žene. I mi želimo ostati sa Isusom za vrijeme ovih zadnjih sati agonije i promatramo ga dok umire.

Prema evanđelju, Isus na križu izgovora sedam riječi. Razmišljat ćemo o onima koje su često pogrešno protumačene:

"Od šeste ure nasta tama po svoj zemlji—do ure devete. O devetoj uri povika Isus iza glasa: »Eli, Eli, lema sabahtani?« To će reći: »Bože moj, Bože moj, zašto si me ostavio?« (Mt 27, 45-46)

Kako Isus može reći: „Bože moj, Bože moj, zašto si me ostavio?" Jako dobro znamo da Otac nikada ne bi napustio svoga Sina, posebno u trenutku u kojem je u potpunosti ostvarivao njegovu volju!

Za vrijeme njegove muke, Bog je dopustio Isusu iskusiti strašno bolnu i potpunu duhovnu noć do te točke da više nije osjećao Očevu ljubav niti povezanost s njime kao sin. To je najbolnija od duhovnih noći! *"Njega koji ne okusi grijeha Bog za nas grijehom učini da mi budemo pravednost Božja u njemu."* (2Kor 5, 21) I još: *"On je pomirnica za grijehe naše, i ne samo naše nego i svega svijeta."* (1Iv 2, 2) Isus je u naše ime doživio odbacivanje Oca i, kroz ovu užasnu patnju, pomirio nas je s našim Stvoriteljem. Sva patnja te muke doživljava vrhunac u duhovnoj noći. Isus je osjetio odsutstvo Oca koji je, kako se činilo, ignorirao njegovu patnju i odbacivao ga, te je u njemu to izazvalo osjećaj potpunog sloma. Osjećao se odbačen jer je uzeo naše grijehe na sebe. Bilo je kao da sve što je pretrpio do tada nije ničemu služilo. Isus je sve to podnio zbog svoje bliskosti sa Ocem. Ali sada kada nije osjećao njegovu prisutnost i osjećao se odbačenim, sve se činilo apsurdnim. Napadali su ga svi demoni očaja. Teško je zamisliti neizmjernost njegove zbunjenosti. Zašto je Otac ovo htio? Htio je to za naše spasenje. Isus je morao proći kroz ovo strašno iskustvo naše odvojenosti od Oca kako bismo ponovno pronašli zajedništvo sa Ocem i ušli u vječni život! Htio je pretrpjeti odvojenost od Oca kako bi nas ponovno spojio sa Ocem. Kako bismo mogli naći veću ljubav?

Da objasnim. Kada smo bili u Edenskom vrtu, kroz naš vlastiti grijeh prekinuli smo zajedništvo sa Ocem, našim Stvoriteljem i izgubili smo stanje milosti; pali smo u tamu. Izgubili smo svjesnost o Bogu, njegovom prijateljstvu i dar razgovora s Njim. Ali Bog koji je čista ljubav, htio je obnoviti ovu povezanost i prihvatio je činjenicu da se njegov jedini Sin treba žrtvovati. Kako bi povratio ovo zajedništvo između nas i Oca te između Oca i nas, bilo je potrebno da Isus pretrpi prekinuto zajedništvo sa Ocem, da osjeti napuštenost u svojoj božanskoj duši osjećajući neopisivu patnju. Bilo je potrebno da se osjeća istinski napušten. Razumijemo tu istinu jer nije

Isus umire na križu

zavapio: „Oče, Oče, zašto si me napustio?" Više nije mogao reći „Oče" jer mu se činilo da Otac više nije prisutan pa je zavapio: „Bože moj, Bože moj . . . " Došao je to točke da se više nije osjećao kao Božji sin koji žrtvuje sebe nego kao grešnik koji, izgubivši Boga, vapi u svojoj napuštenosti! Tri sata u ovome stanju, tri beskonačna sata u ovoj tami, tami cijelog ljudskog roda u svakom razdoblju, u srcu koje nikada nije počinilo grijeh!

Nakon ta tri sata u tami, njegova duša je mogla ponovno vidjeti Oca. Božji plan je savršeno izvršen i Isus je povikao iza glasa: *„Oče, u ruke tvoje predajem duh svoj! To rekavši, izdahnu."* (Lk 23, 46) Jer je Isus propatio tu smrt na križu, nitko više ne bi trebao očajavati. Isus je umjesto nas popio gorku čašu. (usp. Iz 51, 17-22) Iskusio je svu našu tamu tako obnavljajući bliskost čovječanstva i Oca dok mu nije Otac došao u pomoć. Uništio je naše beznađe. Isus nam ovdje pokazuje prekrasan način. Kad god smo toliko utučeni da osjećamo smrt u duši, kada se sve čini izgubljeno i kao da sotona pobjeđuje, možemo i trebali bismo zavapiti Ocu u gotovo neobjašnjivom činu pouzdanja!

Pogledajmo Mariju, najljepši primjer od svih bića. Promatrala je svoga Sina kako prolazi kroz nezamislivu patnju, kako uzima zadnji udisaj i umire. Stajala je tamo, podno križa. Zamislite unutarnji nemir ove majke! Ona, Majka, žena savršenog suosjećanja, Bezgrešna bez traga tvrdoće, nježna Majka koja je u svome tijelu i cijelome svome biću osjetila patnju svojega Sina. Za vrijeme tjeskobe i agonije, mogla je reći: „Oče, je li ovo zaista tvoj plan? Zadovoljan si vidjeti Sina u ovakvome stanju?" Mogla se pobuniti protiv Oca, ali imala je vjeru u svakoj kušnji, neograničeno povjerenje u Božji plan. Unatoč svemu što su njezine nevine oči vidjele, ponavljala je: „Bog je dobar, Bog je ljubav! Bog je dobar, Bog je ljubav!"

U vremenima tame, naše je spasenje u tome da Mariji pružimo ruku i s njom ponovimo: „Bog je dobar. Vjerujem u to! Preobrazit će ovu tamu u istinsko svjetlo. Bit ću malo duže strpljiva . . . " Budimo sigurni da će svjetlo doći, svjetlo koje nikada prije nije viđeno, koje vidiš na kraju tunela, najljepše od svih, ono koje donosi pobjedu nad tamom, grijehom, smrti, sotonom i cijelim paklom. To je istinsko svjetlo koje traje zauvijek, nikada ne prevari, niti izda ili nestane.

Za vrijeme ove desetice, uzmimo Mariju za ruku i prikažimo našu patnju Nebu. Prikažimo osjećaj napuštenosti koji nas muči kada više ne vidimo smjer kojim će naš život ići, kada nam se čini da kraj tunela nikada neće doći, a noć će biti beskonačno produljena. Oduprimo se demonu koji koristi našu slabost te nas ismijava govoreći nam: „Vidiš, Nebo ne postoji! Živiš u svijetu snova. Govoriti o spasenju je zamka. Uskrsnuće ne postoji. Sve je to laž! Vidiš jako dobro da si napušten! Zašto se i dalje boriti?"

Preklinjem vas, nemojte slušati taj demonski glas! Umjesto toga, slušajte Marijin glas i šapat njezine molitve u kojoj iznova ponavlja: „Bog je dobar, Bog je ljubav. Bog je dobar. Vjerujem, vjerujem u ljubav. Vjerujem u uskrsnuće!" Bacimo svoju tamu u Marijino srce i zajedno s njom čekajmo vrijeme svjetla. Čekat ćemo na to s neoborivim pouzdanjem, s njezinim majčinskim srcem koje je preplavljeno nježnošću jer zasigurno, to svjetlo će doći.

"Draga djeco! I danas sam s vama na poseban način razmišljajući i živeći u svom srcu muku Isusovu. Dječice, otvorite svoja srca i dajte mi sve što je u njima: radosti, žalosti i svaki pa i najmanji bol, da ga mogu prikazati Isusu, da On svojom neizmjernom ljubavlju zapali i pretvori vaše žalosti u radost svoga uskrsnuća. Zato vas pozivam, dječice, na poseban način sada da se vaša srca otvore molitvi, da po molitvi postanete Isusovi prijatelji. Hvala vam što ste se odazvali mom pozivu." (25. VELJAČE 1999.) Kada se ukazala u Međugorju, Marija je uvijek ostavljala križ za sobom. Ne mislim na krvavi križ, nego na križ svjetlosti kao znak pobjede! To je znak da je patnja pri kraju i da dolazi uskrsnuće!

Slavna Otajstva

Kakav paradoks! S jedne strane, mislimo kako je naš konačni cilj jednog dana biti proslavljeni u nebu; s druge strane, ne znamo što znači riječ „slava"! Mješavina božanske ljubavi i neviđene svjetlosti? Tajanstvena stvarnost nedostupna našem shvaćanju?

Čini se kako je želja za slavom utisnuta u svakoga od nas kao trajni pečat. Ali doima se kao da smo od Adamovog pada izgubili dodir s dubljom stranom našega bića. Svijet nam predlaže svjetovnu i vrlo privremenu slavu: uspjeh, moć, popularnost, slavu . . . sve je to samo isprazna slava, kao što je naglasio sv. Pavao! Kada Isus govori o poljskim ljiljanima, dodaje: *„Ni Salomon se u svoj svojoj slavi ne zaodjenu kao jedan od njih."* (Mt 6,29)

Putujući sa Isusom kroz slavna otajstva, pokušat ćemo postići da ova žeđ u nama za pravom slavom eksplodira, ona prava slava koja nam dolazi samo preko uskrsnuća, slava koja nas čeka u nebu sa svim svojim nasladama i koju često predokusimo u molitvi.

PRVO SLAVNO OTAJSTVO

Isusovo uskrsnuće od mrtvih

Nalazimo se u Jeruzalemu: Isus je umro na križu. Gotovo je. Već je pokopan. Ogroman kamen sprječava ulazak u grob, a stražari ga čuvaju. Večeras je Jeruzalem posebno mračan. I ja sam pogođena zbog događaja posljednjeg petka. Svi smo preplavljeni boli i strašnim osjećajem da je sve gotovo. Toliko smo nade polagali u ovog izvanrednog čovjeka, ovoga proroka, učitelja koji nam je govorio kako nitko nije govorio, a da i ne spominjem znakove i čudesa koja je činio! Za nas je On zaista bio dugo iščekivani Mesija, onaj koji će osloboditi Izrael!

Noć je pala nad Izraelom. Subota je završila i ne mogu spavati! Da, sveti grad je potopljen u opresivnu tamu. Teška tišina sačinjena od suza i jecaja jako tišti učenike. Nepodnošljiva tuga. Nitko ne kaže ni riječi. Petar ne zna što učiniti; a što se tiče apostola, lutaju okolo bez cilja kao izgubljene ovce. Njihova ožalošćena srca vape u noći i ne žele biti utješena. Izgubivši Isusa, izgubili su sve. Zašto bi više živjeli? Uništava ih pomisao na to da će ova tama zauvijek trajati. Potpuni poraz! Prekrasna priča o Isusu je završila.

Samo Marija Magdalena potaknuta neizmjernom ljubavlju prema Isusu u zoru izlazi iz kuće, iako sunce još uvijek nije izašlo. Prati je nekoliko žena: Ivana, Marija, majka od Jakova i Saloma (usp. Mk 16, 1). Trči prema grobu. Iako je u očaju, želi učiniti nešto za Isusa: želi mu pomazati tijelo s najdragocijenijim aromatskim uljima. Kada je došla do groba, iznenađenje! Kako je to moguće? Teški kamen je uklonjen! Ali tko je to učinio? Uzalud traži; Isusovo tijelo više nije tu! Još nije bila shvatila da ne treba tražiti Živoga među mrtvima. Ipak, bila je sa učenicima kada je Isus nagovijestio da će uskrsnuti treći dan! Ali zbog užasa križa, izgubila je svijest o tome.

Odjednom, eto Isusa ispred nje! Isus, uistinu živ! Uskrsnuo je! Srce joj ubrzano udara!

Nema riječi kojima bi se mogla izraziti radost Marije Magdalene i opisati ljepota uskrslog Isusa! Isus koji je sama svjetlost i nježnost! Isus u punoj slavi! Isus koji sija više nego ikada!

I ja, sramežljivo malo dijete, bojažljivo se približavam . . . Nikada prije nisam vidjela ovakvoga Isusa! Klanjam mu se u tišini, u ekstazi. Klanjam mu se svom dušom . . . Zar nije porazio smrt? Poznajemo li ikoga tko je sam izašao iz groba? Isus me nije prestao iznenađivati; smrt ga nije mogla držati svezanog! Na licu mu čitam radost zbog pobjede koju je izvojevao u naše ime! Oslobodio nas je! Pobijedio je smrt; pobijedio je moj grijeh. Uništen je pakao sa svim svojim buntovnim anđelima. Ali, koliko ga je stajala ova pobjeda!

Isus vidi moje srce koje žeđa za ljubavlju; njegov intenzivni pogled počiva na meni i prodire u dubine moje duše te me prima s ljubavlju ovakvu kakva jesam. Sada želi ispuniti moje srce sa svojom ljubavlju i svjetlošću i želim sebi dopustiti da me ispuni; čeznem za tim! Kakav bi bio moj život bez ove pobjede svjetlosti koja mi je data? Ništa! Želim iskusiti ovo uskrsnuće, ovaj novi božanski život koji mi može dati samo uskrsli Gospodin! Želi mi to dati! Njegova je želja da svaka duša u potpunosti iskusi ovaj božanski život i preobrazi se do sličnosti Njemu: On, nestvoreno svjetlo, ljepota i ljubav! Idem k njemu bez straha i, kao nikada prije, otvaram srce Uskrslome sa slijepim povjerenjem. Isus mi kaže: „Mir s tobom! Budi ispunjena mojim svjetlom. Došao sam te izliječiti od tvoje nutarnje praznine, bolesti, tuge i mlakosti." Otvaram se tebi, Isuse, jer samo Ti možeš utažiti moju žeđ za ljubavlju.

Ipak, postoji žena koja nije trebala ići na grob! Zašto bi išla vidjeti prazan grob? Zašto bi tražila među mrtvima Onoga koji je živ? Marija, Isusova majka, nikada nije prestala vjerovati. Znala je da će nakon tri dana uskrsnuti, kako je nagovijestio. Toliko je vjerovala da ga je čekala u gornjoj sobi, mjestu gdje su se učenici sakrili i koje je postalo mjesto straha i suza.

Zahvaljujući otkrivenjima mistika, znamo da je čak i prije nego je išao susresti žene pokraj groba, Isus prvo išao vidjeti svoju majku. Pronašao ju je u gornjoj sobi, u molitvi te dok ju je grlio kao ljubljeni Sin, navijestio joj je svoju pobjedu nad smrću. Zahvalio joj je jer Marija nikada nije prestala vjerovati, unatoč prividnoj pobjedi zla.

O Majko moja, i ja želim nastaviti vjerovati i ljubiti, čak i da više nitko ne vjeruje, kada svi napuste Isusa i čini se kao da je sva nada izgubljena. Neću dopustiti zlu da trijumfira! Marijo, rekla si nam: „Draga djeco, ljubavlju okrenite na dobro što sotona želi uništiti i prisvojiti sebi." (31. SRPNJA 198.)

Evo me, Majko! Kada vidim zlo na djelu, kada promatram njegov prividni trijumf oko mene, u mojoj obitelji i u svim okolnostima mojega života, želim nastaviti čvrsto vjerovati da mi Isus dolazi i da postoji izlaz. Nadala si se protiv svake nade. Želim hodati držeći te za ruku, o Marijo! Nauči me kako ostati vjerna i puna nade u svakoj situaciji, čak i u najnestabilnijoj.

Ja sam dijete svjetla, a ne dijete tame. Želim svoj život spojiti s tvojom porukom:

„Draga djeco, želim da budete svi Isusov odsjaj koji će svijetliti ovom nevjernom svijetu koji korača u tami. Želim da svi budete svjetlo svima i da u svjetlu svjedočite. Draga djeco, niste pozvani na tamu, nego ste pozvani na svjetlo. Zato budite svjetlo svojim životom." (5. LIPNJA 1986.)

Da, Marijo, želim odgovoriti na tvoj poziv, i danas više nego ikada odlučujem vjerovati u uskrsnuće!

Riječ „vjerovati" na hebrejskom ne znači: „Mislim da . . . ali nisam baš sigurna." Ne! *Emouna* na hebrejskom znači pripojiti se uz stvarnost, vezati se uz osobu. Kada kažem, „Vjerujem da je Isus uskrsnuo," potvrđujem da sam jedno s Njim i da idem za njim, Uskrslim.

Najdraži Isuse, zahvaljujem ti na nebeskome svjetlu kojim me želiš ispuniti. Dođi, Gospodine, i ostani u meni! Oprosti moje sumnje, pogotovo kada mislim da nema izlaza iz moje situacije! Ti si, Gospodine Isuse, rješenje za sve moje probleme! Od danas ću pokušati prianjati uz tvoju pobjedu kako bih je učinila svojom i kako bih se ispunila tvojom svjetlošću. Vjerujem u uskrsnuće mrtvih; ujedinjujem se s tvojim božanskim srcem, moćnijim od svih ujedinjenih sila zla. O Isuse, vjerujem u tvoje uskrsnuće!

DRUGO SLAVNO OTAJSTVO

Uzašašće

Sada se nalazimo na Maslinskom brdu, mjestu gdje je Isus poučio molitvu Oče naš. Jedanaestorica vise o svakoj njegovoj riječi dok im udijeljuje veliku misiju širenja Radosne vijesti do nakraj svijeta. Ponovno sam postala to maleno dijete i entuzijastična sam zbog ovoga zadatka. Iznenađujuće je vidjeti koliko povjerenja Isus ima u nas! „*Pođite*, kaže nam, *i učinite mojim učenicima sve narode krsteći ih u ime Oca i Sina i Duha Svetoga.*" (Mt 28, 19-20) Hvala ti, Isuse! Ako vjerujemo da se tvoje riječi mogu utjeloviti u našim životima, onda ćemo biti tvoj glas, tvoje ruke, tvoj pogled, tvoje srce. Pozivaš nas na ostvarivanje čudesa!

Usmjeravam svoj pogledam na Isusa: dok uzlazi na nebo, podiže desnu ruku kako bi blagoslovio svoje apostole. Dok ih tako blagoslivlje, nestaje; to je njegova zadnja gesta na zemlji, njegov posljednji vidljivi znak. Ovaj blagoslov je neizmjerno blago! Kako bismo istinski razumjeli to značenje, zajedno razmotrimo značenje riječi „blagoslov", što je *brahà* u hebrejskom. Točan prijevod riječi „bénir" (BLAGOSLOVITI) nije „bien dire" (DOBRO GOVORITI) kao što nam sugerira latinski prijevod. Zapravo, onaj koji blagoslivlja uzima od Božjeg neizmjernog blaga dio Njega i prenosi duši koja prima blagoslov. Božji blagoslov prodire neposredno u dušu kako bi je obogatio, bez pomoći osjetila ili razuma.

Blagoslov koji Isus daje jedanaestorici kada uzlazi na Nebo nije određen samo za one koji su tada prisutni, već se prostire na sve krštene, uključujući nas. Danas uvijek možemo iskoristiti milost Isusovog uzašašća i živjeti u potpunosti u njegovom blagoslovu.

Ipak, ova milost nije automatska, kako nam Gospa potvrđuje: „Draga djeco, puno radite, ali bez Božjeg blagoslova." (25. SVIBNJA 2001.) Prema tome, od ključne je važnosti ostati u Isusovom blagoslovu! Marija nas nikada ne prestaje podsjećati da stavimo Boga uvijek iznad svega: što god da radimo počnimo s molitvom i završimo s molitvom; tako ćemo biti sigurni da smo sve prikazali Bogu. Cilj našega života je živjeti za Boga i proslaviti ga u svemu: to je njegova volja. Ako se uvijek tako ponašamo kada nas On promatra, ostat ćemo pod njegovim blagoslovom, kao riba koja je tako sretna što pleše u moru, svome prirodnom obitavalištu. Bog će biti s nama i mi s njim.

Ako nismo dobro utvrđeni pod Božjim blagoslovom, to je zato što ne mislimo o njemu; ne živimo za njega već živimo kao da nemamo ništa s njim. Ne živimo za njega kada naša vlastita volja upravlja svim našim planovima. U ovim slučajevima, zaobilazimo njegov blagoslov i sve što poduzmemo nema vrijednost jer smo to postigli bez Božjeg blagoslova. Važno je to razumjeti! Ako Bog ne zauzima prvo mjesto u našem životu, možemo se definirati kao kršćani, ali živjet ćemo i raditi bez njegovog blagoslova. Ako ne živimo za njega, automatski živimo za ovaj svijet i njegove zemaljske vrijednosti. Neke od Isusovih riječi premalo se komentiraju u našim župama: *„Svaki nasad koji ne posadi Otac moj nebeski iskorijenit će*

Uzašašće

se." (Mt 15, 13) Ipak, nikada nije kasno jer nam se božanski blagoslov uvijek nudi. Isus nas uvijek jedva čeka blagosloviti. Kako je tužno da ne koristimo ove prilike za milost kada je tako jednostavno stati pod tuš Božjih blagoslova. Dovoljno je čvrsto odlučiti da je prvo mjesto rezervirano za njega.

Bog nas nikada ne prestaje blagoslivljati, posebno kroz svoje svećenike. Na kraju svake mise, svećenik daje Isusov blagoslov svim vjernicima koji su prisutni. Što nas spriječava u tome trenutku? Primamo ista blaga i milosti koje je Isus dao jedanaestorici tog dana! Ni više ni manje. Na kraju mise, sam Isus blagoslivlja nas kroz ruke i riječi svećenika. Ponovno nam Marija govori: „Draga djeco, nemojte primiti Božji blagoslov površno. Budite svjesni toga." (Mirjana, 2. prosinca 2006.)

U Međugorju nam naša nebeska Majka daje svoj majčinski blagoslov i precizira: „Draga djeco, dajem vam svoj majčinski blagoslov, ali blagoslov svećenika je važniji od mojega jer je primio pomazanje ruku kada je posvećen za svećenika." (Mirjani) Očito, Marija nije svećenik, ona je Majka Božja. Marija dodaje ovu poruku koja je zapanjila tolike svećenike: „Da svećenici znaju što daju kada daju blagoslov, blagoslivljali bi dan i noć!"

U Evanđelju po sv. Luki, nalazimo prekrasnu potvrdu moći Božjega blagoslova: *„Oni mu se ničice poklone pa se s velikom radosti vrate u Jeruzalem."* (Lk 24, 52) Kako je to moguće? Učenik bi mogao reći: Živio sam sa Isusom tri godine; mogao sam ga slušati, razgovarati s njim, osjećati njegovu prisutnost, jesti i piti s njim; nikada ga nisam napustio . . . potom, najednom je nestao pred mojim vlastitim očima! Osjećam se kao udovac koji je izgubio svoju radost u životu i razlog za življenje. Imao bih svako pravo osjećati se preplavljen tugom. Nasuprot tome, apostoli su otišli puni radosti! Što se dogodilo? Preko svoga blagoslova Isus je prenio svoju božansku moć i radost, toliko da su ispunjeni njime!

Blagoslov je sredstvo koje dopušta Isusu da ostane s nama svaki dan do svršetka svijeta. Njegov je blagoslov nevjerojatno moćan! Čak i da se nađem na napuštenom otoku usred oceana bez mogućnosti susreta s njim u svetoj misi, još bih uvijek mogla živjeti pod njegovim blagoslovom ako to želim. To je način kako se On povezuje sa mnom. Gdje god da sam na zemlji, njegove ruke koje me blagoslivljaju izlijevaju obilje milosti na mene! Kakve dobre vijesti! Znamo da nas tuga uranja u stanje tromosti koje nas sprječava blagoslivljati dok jedanaestorica „*sve vrijeme u Hramu blagoslivljahu Boga*" (Lk 24, 53). Bili su kao izvori koji obiluju slavljenjem i radošću!

Isus se ujedinjuje sa Ocem s desne strane i postaje naš odvjetnik. Neprestano pokazuje Ocu svoje rane svjetla i slave, obilježja njegove nevjerojatne ljubavi prema nama grešnicima. Isusove rane su neprestani vapaj u našu korist pred Ocem. Zauzvrat, vidjevši kojom nas je cijenom Isus spasio od grijeha i smrti, Otac koji nas voli pušta na nas slapove milosrđa. Naš najbolji prijatelj, naš božanski branitelj, sjedi s desna Bogu Ocu. Nije došao suditi svijet nego ga spasiti te iz najvećih visina nastavlja spašavati svijet kroz svoje svjetlosne rane.

Gospodine Isuse, zahvaljujem ti jer nas nisi napustio. Uvijek si s nama i s neba nikada ne prestaješ raditi na našim srcima. Zahvaljujemo ti na dragocjenoj nadi koju nam daješ kroz svoje uzašašće. Uvjerio si nas da si sačuvao mjesto za nas: „U domu Oca mojega ima mnogo stanova. Da nema, zar bih vam rekao: 'Idem pripraviti vam mjesto'?" (Iv 14,2) O hvala ti, Gospodine, jer si nam sačuvao mjesto! Želimo ostati zauvijek tamo s tobom jer sve što volimo je u tebi.

Sada zagovarajmo za one koji te ne znaju jer u dubini srca

Uzašašće

ne poznaju kao mi prekrasnu nadu da ćemo imati mjesto blizu tebe zauvijek! O Gospodine, danas dotakni srca čak i onih koji ne poznaju tvoju ljubav! Mnogi žive u sjenama, u tuzi i ponekad očaju, preplavljeni težinom života i kušnji svake vrste; da, sva ona braća i sestre koji nemaju snage za nadu! Vidiš kako može biti teško u današnjem svijetu. Na ulicama, u domovima, u uredima, Ti vidiš da je kršćanska nada iščeznula... O Gospodine, ovu ruku koju si podignuo za blagoslov—također je vidimo na slici Milosrdnog Isusa koju si Ti sam dao svetoj Faustini za cijeli svijet; pomozi nam da budemo produžena ruka našoj iscrpljenoj braći koja su sama u kušnjama, oni koji žive u nepodnošljivoj duhovnoj samoći! Podsjetio si nas preko Marije:

„Draga djeco! U ovom milosnom vremenu pozivam vas iznova na molitvu. Dječice, molite i pripremajte vaša srca za dolazak Kralja Mira, da On svojim blagoslovom dadne mir cijelom svijetu. Nemir je zavladao u srcima i mržnja vlada svijetom. Zato vi koji živite moje poruke budite svjetlo i ispružene ruke ovom nevjernom svijetu da bi svi upoznali Boga ljubavi. Ne zaboravite dječice, ja sam s vama i sve vas blagoslivljam. Hvala vam što ste se odazvali mom pozivu." (25. STUDENOG 2001.)

Da Isuse, pomozi nam postati tvoje ispružene ruke ovome svijetu koji te ne poznaje kako bismo donijeli tvoju djecu pod tvoj božanski blagoslov i da tako znaju kako postoji mjesto za njih s tobom, u tvome srcu.

TREĆE SLAVNO OTAJSTVO

Silazak Duha Svetoga

ada smo u gornjoj sobi u središtu Jeruzalema. Ja sam maleno dijete u ovoj gornjoj sobi s Marijom, apostolima i učenicima kako bih vidjela što se događa. Kao što je zapisano u Djelima apostolskim: *„Kad je napokon došao dan Pedesetnice, svi su bili zajedno na istome mjestu. I eto iznenada šuma s neba, kao kad se digne silan vjetar. Ispuni svu kuću u kojoj su bili. I pokažu im se kao neki ognjeni razdijeljeni jezici te siđe po jedan na svakoga od njih. Svi se napuniše Duha Svetoga i počeše govoriti drugim jezicima, kako im već Duh davaše zboriti.“* (Dj 2, 1-4)

Cijeli je ovaj događaj bio uistinu čudesan! Od nikuda plamenovi su se spustili na njihove glave i bili su puni nečega što nikada prije nije viđeno na svijetu: vatra ljubavi, svjetlosti, eksplozija preplavljujuće radosti! To je bila treća osoba Presvetoga Trojstva, Duh Sveti, jedinstvo ljubavi između Oca i Sina.

U srcu Svetoga Trojstva, između tri Osobe koje su zajedno jedan Bog, Duh Sveti personificira razmjenu ljubavi između Oca i Sina, ljubav zajedništva. Taj isti Duh nam je dat kako bismo mogli voljeti Boga i jedni druge kako nas Isus voli. On je taj koji nam pomaže ljubiti i koji se raduje u ovoj istoj božanskoj ljubavi: *„Ljubite jedni druge kao što sam ja vas* *ljubio,*" Isus nam kaže. Daje nam se vatra ljubavi koja gori u samom središtu Trojstva. Kakav uzvišeni dar! Božji duh donosi nam darove nemjerljive vrijednosti koje sveti Pavao nabraja u svome pismu Galaćanima: „*Plod je pak Duha: ljubav, radost, mir, velikodušnost, uslužnost, dobrota, vjernost, blagost, uzdržljivost.*" (Gal 5, 22) Tko ne bi htio dopustiti plodovima takve Prisutnosti da gore u njegovom srcu?

Mogla bih prošiti ovu ideju i dati brojne primjere, ali radije bih zazvala ovoga Duha. Toliko ga trebamo! Moj je san biti u potpunosti ispunjena Duhom koji ujedinjuje Oca sa Sinom, Duhom zajedništva, plamenom ljubavi! Naša su srca često previše hladna, prazna, usamljena, izgubljena. Sada se saberimo, zatvorimo oči i oslobodimo se svakoga straha. Napustimo naše uzaludne misli i zazovimo neizmjernu ljubav, plamen ljubavi. Molimo za to zajedno:

Dođi, Duše Presveti, sa neba nas posjeti zrakom svoje milosti.
Dođi, Oče ubogih, djelitelju dara svih, dođi, srca svjetlosti.
Tješitelju tako blag, ti nebeski goste drag, pun miline, hlade tih.
Umornima odmore, u vrućini lahore, razgovore žalosnih.
Sjaju svjetla blaženog, sjaj u srcu puka svog, napuni nam dušu svu.
Bez božanstva tvojega čovjek je bez ičega, tone sav u crnom zlu.
Nečiste nas umivaj, suha srca zalivaj, vidaj rane ranjenim.
Mekšaj ćudi kamene, zagrij grudi ledene, ne daj nama putem zlim.
Svim što vjeru imaju, što se u te ufaju, sedam svojih dara daj.
Daj nam krepost zaslužnu i smrt lijepu, blaženu, daj vjekovit svima raj.

U Međugorju nas Gospa često poziva na molitvu kako bismo primili Duha Svetoga i njegove darove:

„Najvažnije je moliti se Duhu Svetom da se spusti na vas; kada imate Duha Svetoga, imate sve. Molite za dar Duha Svetoga; kada dođe Duh Sveti, mir je siguran; kada dođe

Silazak Duha Svetoga

Duh Sveti, sve se mijenja oko vas; Duh Sveti želi biti prisutan u obiteljima; dopustite Duhu Svetom da uđe; dolazi kroz molitvu. Zato, draga djeco, trebate moliti i dopustiti Duhu Svetom da vas obnovi i da obnovi vaše obitelji; kada se Duh Sveti spusti na zemlju, sve postane čisto i obnovljeno; dopustite da vas Duh Sveti radikalno vodi; vaš će rad dobro ići." (Prema nekoliko poruka Jeleni Vasilj)

Također: „Ja vas pripremam za nova vremena da budete čvrsti u vjeri i ustrajni u molitvi kako bi preko vas Duh Sveti djelovao i obnovio lice zemlje." (25. LIPNJA 2019.)

Marija objašnjava da nam je Duh Sveti veliki prijatelj i da je dovoljno samo ga zazvati i On će doći. Nikada ga uzalud ne zovemo!

Prije nekog vremena, na dan Duhova, žena je u Međugorju zazivala Duha Svetoga bez prestanka cijeli dan. Živjela je svaku sekundu usmjeravajući svoje srce i dušu prema Duhu Svetom. No navečer, osjećala se prilično razočarana, svjesna kako se ništa nije dogodilo. Rekla je sebi: „Nisam znala kako se moliti Duhu Svetom, ali ga nikada nisam prestala zazivati!" Sljedeći dan joj je prišao muškarac i rekao joj: „Duboko ti zahvaljujem jer su me sinoć za vrijeme večere tvoje riječi toliko dotaknule tako da sam osjetio kako sam se promijenio, primio sam neizmjernu milost od Boga." Potom je žena shvatila da su Duh Mudrosti i Duh Ljubavi uistinu došli, ali nije bila toga svjesna. Prema tome, imaj pouzdanja! Kada zazoveš Duha Svetoga, On žuri kako bi te susreo!

Malena Arapkinja, sveta Mariam iz Betlehema imala je izvanrednu pobožnost Duhu Svetom i uvijek je na usnama imala ovu molitvu:

„Duše Sveti, nadahni me.
Ljubavi Božja, sažezi me.

Na pravi put povedi me.
Marijo, Majko moja, pogledaj me.
Sa Isusom, blagoslovi me.
Od svakog zla, od svake obmane,
od svake pogibelji, sačuvajte me."

Ono što je najviše pogodilo jest da ovu milost može imati svaka duša: milost da budemo nadahnuti Duhom Svetim. U Pismu je Isus jasno rekao: „*I ja vama kažem: Ištite i dat će vam se! Tražite i naći ćete! Kucajte i otvorit će vam se!*" (Lk 11, 9) te još: „*Ako dakle vi, iako zli, znate dobrim darima darivati djecu svoju, koliko li će više Otac s neba obdariti Duhom Svetim one koji ga zaištu!*" (Lk 11, 13) Kako itko može sumnjati u ove riječi?

S druge strane, budimo budni i nemojmo propustiti Njegov dolazak! Primjer svetaca čuva nas od suptilne opasnosti: duše redovnika, kao i pobožnih ljudi koji žive u svijetu imaju rutinu, raspored u koji ih poziva Duh Sveti. Ove duše možda ne bi znale kako odgovoriti na neočekivana nadahnuća koja se mogu dogoditi u svakome trenutku; na primjer, za vrijeme pranja suđa. Imaju običaj ograničiti Duha Svetoga u vremenski okvir, što znači da ignoriraju njegove spontane pozive. Ako duše nisu pažljive na poziv Ljubavi, mogu umnožiti svoje NE, male ili velike tako oblikujući neku vrstu „antitijela" protiv Duha Svetoga. U tom slučaju, više ga ne mogu slušati ili dopustiti da ih On vodi. „Cijepljene" su protiv Duha Svetoga. To se često može dogoditi posvećenoj duši što je još i gore jer redovnici, posvećene duše i svećenici su oni koji su primili poziv kako bi zazvali Duha Svetoga na zemlju tako da imaju veliku odgovornost. Sveta Mariam iz Betlehema govorila je: „Unutar redovničkih redova vlada

Silazak Duha Svetoga

progonstvo; ljubomora vlada među redovničkim redovima i zato je svijet u tami."

Vidioci u Međugorju kažu da bijeli oblak okružuje stopala Blažene Majke. To je znak prisutnosti Duha Svetoga koji je nikada neće napustiti. To je isti oblak koji je pratio Židove u pustinji kao što je zapisano u knjizi Izlaska:

"Jahve je išao pred njima, danju u stupu od oblaka da im put pokazuje, a noću u stupu od ognja da im svijetli. Tako su mogli putovati i danju i noću." (Izl 13,21)

Duh Sveti uvijek živi u Mariji: ona je najsavršeniji hram za Njega. Oni koji je drže za ruku žive u njegovoj prisutnosti. Sveti Ljudevit Montfortski govorio je:„Kada Duh Sveti pronađe u srcu ljubav prema Mariji, odleti u takvo srce!" Znak prisutnosti Duha Svetoga u duši je milosrđe, to jest, božanska ljubav. Ako Duh Sveti živi u nama, nemoguće je ne biti milosrdan. Sveti Pavao produbljuje ovu karakteristiku u svojim pismima pojašnjavajući kako je znak Božje prisutnosti ljubav, a ne čuda, proročanstva ili govor u jezicima. Svi su darovi prekrasni, ali samo milosrdna ljubav pokazuje da smo pomazani. Netko tko je otvoren drugima, uvijek spreman pomoći i dati se u potpunosti osoba je koja ljubi!

Sveta Mariam iz Betlehema primila je poruku od Isusa o Duhu Svetom koju bih voljela podijeliti s vama. Rekao joj je: „Tko god zazove Duha Svetoga, tražit će me i naći će me. Njegova savjest bit će nježna kao cvijet u polju. Ako je ta osoba otac ili majka obitelji, mir će vladati u njegovoj obitelji te će njegovo srce biti u miru na ovome i na drugome svijetu. Neće umrijeti u tami, već u miru." Također se obratio svećenicima te je rekao: „Žarko želim da svećenici svaki mjesec kažu svetu misu u čast Duha Svetoga. Tko god kaže tu misu ili je posluša, sam Duh Sveti će mu iskazati čast. Imat će svjetlo; imat će mir. Liječit će bolesne. Probudit će one koji spavaju."

Molimo ovu deseticu tražeći od božanske ljubavi da nas preplavi sa svom svojom snagom te zajedno zazovimo Duha Svetoga:

Duše ljubavi i istine, dođi u moje srce!
Duše mudosti i znanja, dođi u moje srce!
Duše savjeta i jakosti, dođi u moje srce!
Duše milosrđa i praštanja, dođi u moje srce!
Duše skromnosti i nevinosti, dođi u moje srce!
Duše poniznosti i čestitosti, dođi u moje srce!
Duše utjehe, dođi u moje srce!
Duše milosti i molitve, dođi u moje srce!
Duše mira i blagosti, dođi u moje srce!
Duše svetosti, dođi u moje srce!
Duše koji upravljaš Crkvom, dođi u moje srce!
Duše Boga Svevišnjega, dođi u moje srce!
Duše koji ispunjaš svemir, dođi u moje srce!
Duše posvojenja sinova Božjih, dođi u moje srce!

ČETVRTO SLAVNO OTAJSTVO

Uznesenje Marije u nebo

Marija je uznesena u nebo na vrlo poseban način, dušom i tijelom. S druge strane, znamo da se tijelo odvoji od duše u trenutku kada napuštamo zemlju. Kao i do sada, voljela bih vas uvesti u ovaj događaj. Ovoga puta naša destinacija nije ništa manje nego samo Nebo! Zamislimo dolazak Blažene Majke u nebo. Upravo se tamo nalazi. Nakon što je otprilike 65 godina provela na zemlji, konačno se vratila doma! Možete je zamisliti kako govori Isusu: „Evo me, Sine moj! Vidiš, izvršila sam tvoju volju, savršeno sam ispunila Očev san za moj život!" S kakvom radošću i nježnošću je Isus prima u naručje i prislanja na svoje srce! Širom otvaram oči i vidim ih zajedno u neopisivoj svjetlosti. To je jedinstvena scena u kojoj Bog dočekuje najljepše od svojih stvorenja te joj daje slavnu počast kakvu zaslužuje! Nakon što je pretrpjela toliko radosti i poteškoća na zemlji, sada su zauvijek zajedno u nebeskoj slavi!

Dok promatram Mariju u ovom svjetlu beskrajne slave, istodobno osjećam bol i žarku želju jednog dana biti u Isusovom zagrljaju. Bol jer sam još uvijek u iščekivanju, a radost jer je to moj cilj; jednog dana stat ću pred Boga. Zasigurno neću moći reći kao Marija: „O Isuse, ispunila sam tvoju volju u svemu!" To bi bila užasna laž i izravna ulaznica za čistilište. Naprotiv, morat ću reći Zaručniku moje duše: „Isuse, znaš da sam grešnica, ali jako sam se trudila ispunjavati tvoju volju. Pala sam nebrojeno puta, ali zahvaljujući tvome milosrđu i milosti ispovijedi, ponovno sam započela i stavila sam svu svoju dobru volju u to da tebe slijedim." Znam da Bog gleda srce dok svijet uzima u obzir samo rezultate i uspjeh. Što će mi Isus reći? Kada vidi moju dobru volju, a posebno moje povjerenje u njegovo božansko milosrđe, primit će me u zagrljaj. „Od Boga dobivamo ono čemu se nadamo od Njega," potvrđuje sveta Mala Terezija.

Vicka se jednog dana prisjetila ove Marijine poruke: „Znaš, Vicka, na zemlji ima ljudi koji probiru i izabiru u onome što se tiče Boga i vršenja Božje volje. Uzimaju malo od Svetog pisma i malo od svijeta. Ovi su ljudi već odlučili ići u čistilište." (Privatna poruka Vicki) S određenom tugom, Ralph Martin, pokretač Karizmatske obnove u SAD-u, naziva ih „katolici iz kafića" jer izabiru što će uzeti, a što ostaviti. Nagodbeno ponašanje!

Potom Marija nastavlja: „Ima ljudi na zemlji koji su svjesno odabrali učiniti sve što mogu protiv Boga i protiv njegove volje. Ovi su ljudi već odlučili otići u pakao osim ako se obrate." Znamo kako po cijelome svijetu ima onih koji su skopili ugovor sa sotonom kako bi se suprotstavili Božjoj volji i njegovim djelima. Oni čine ogromnu štetu i, nažalost, sve ih više ima. Tragična stvarnost!

Konačno, Marija dodaje: „Ima ljudi na zemlji koji su se odlučili svidjeti Bogu pod svaku cijenu! Ove su se osobe već odlučile otići izravno u raj." Odmah u raj? Je li to moguće? Da, naravno, naša vlastita čvrsta odluka stavit će nas u neku od ove tri grupe. Na drugom svijetu ćemo imati ono što smo

Uznesenje Marije u nebo

odlučili imati ovdje na zemlji. To je jedan dio iz škole Djevice Marije. „Draga djeco, neka vaše obraćenje i odluka za svetošću počne danas a ne sutra!" (25. STUDENOG 1998.)

Vjerujem da bi svatko od nas htio ići direktno u nebo, zar ne? Ali znamo da je puno jednostavnije pronaći se u prvoj grupi; to jest, među onima koji uzimaju ozbiljno samo dio evanđelja i zanemaruju ostatak. Iako nismo svjesni, organiziramo svoj život i živote drugih do najmanjih detalja ostavljajući po strani Božju volju. Možda zanemarujemo djela Providnosti. „Da, vjerujem da je Bog moj Otac, ali nikada nisam vidjela čuda. Da, uzdam se u Boga, ali On ne djeluje u mome životu. Česta molitva i ispovijed su odlični, ali to je previše za mene!" Ali, ali, ali . . . Prijatelji moji, pazite kako se ne bi osudili na čistilište! Vrijeme koje je tamo provedeno je previše dugo i bolno, bolnije od najveće patnje na zemlji, kako nam kažu mistici!

Razmišljajmo o trenutku kada ćemo doći pred našega Stvoritelja: Isus će nam pokazati prekrasno mjesto koje nam je pripremio s velikom pažnjom plativši cijenu svojom krvlju i tada ćemo s neizmjernom tugom postati svjesni kako smo izvršili samo 50 % njegove volje za nas. Tada ćemo mu reći: „Da, Isuse, voljela sam te samo do određene granice. Priznajem da sam bila zauzeta s tisuću drugih stvari koje sam smatrala bitnijima od tebe. Ostvarila sam samo polovicu tvojih planova za mene." Tada ćemo vidjeti drugu polovicu, stranu koju sam zanemarila . . . Bit će to probadajuća bol. Ne možemo to izabrati! Odaberimo ispuniti 100% plana koji Bog ima za nas! Zaista je predobro da bi to propustili!

Isus nam govori: *„Pripremit ću vam mjesto."* (Iv 14, 3) Možda vjerujemo da imamo pravo samo na malo mjesto, neku vrstu rezervnog sjedala u jednom kutku u raju, daleko od velikih svetaca kao što su sveti Franjo Asiški, sv. Katarina Sijenska, Arški župnik, otac Pio iz Pietrelcine, sveta Mala Terezija, sv. Faustina, Majka Terezija i toliki poznati sveci! Zar je Bog postao zločest? Zar je stvorio malo duša vrhunske kvalitete koje će doseći velike duhovne visine, a ostatak osrednje kvalitete? Svi nosimo pečat Krvi Kristove u sebi; njegova je vrijednost neprocjenjiva. Naše duše, kao dragocjene zaručnice Jaganjca, zaštićene su njime! Bog ima savršeni plan za svakoga od nas i želi ga u potpunosti ostvariti za svakoga od njegovih stvorenja. Stvoritelj nikoga nije iznevjerio, svi smo pozvani na savršenu svetost, a ne na svetost s popustom. Takav je Božji san: da prekrasno mjesto koje nam je pripravio u raju ne ostane prazno!

Ima mnogo vjernika koji u potpunosti ignoriraju ovo mjesto koje je za njih rezervirano u raju te zbog nedostatka oduševljene motivacije troše uzalud vrijeme na zemlji te izgube smisao života. Nebeska Majka nas je često podsjećala da vječni život postoji:

„Draga djeco, daleko ste odlutali. Pošli ste krivim putem. Ne zaboravite da je cilj vašega života nebo! Ali sotona nikada ne spava; odvraća vas kroz modernizam, materijalizam i sebičnost. Vezani ste uz zemlju i sve zemaljske stvari. Nakon ovoga života, dolazi vječnost." (25. SVIBNJA 2010.)

Dragi prijatelji, kroz ovu deseticu pozivam vas da izaberete Nebo! Možemo promijeniti smjer i izabrati da ćemo zauzeti mjesto koje nam je Krist dobio po tako visokoj cijeni. Držimo se Božjeg plana bez oklijevanja kako bi On mogao ispuniti svoj san za nas. I to kakav san! To je Mala Terezija učinila. Od ranog djetinjstva bila je upoznata s kušnjama i patnjama. Bila je preosjetljiva, vrlo traumatizirana zbog gubitka majka kada je imala 4 godine, a potom zbog odlaska njezinih dviju sestara u samostan u Lisieuxu . . . Ukratko, zbog svega je patila te je plakala i zbog najmanje stvari. Mogla se odvojiti kako bi živjela u tuzi i bila depresivna do kraja života, obeshrabrena i osuđena na jadno postojanje! Kako je uspjela postati velika svetica te čak i najmlađa naučiteljica Crkve? Koja je bila njezina tajna? Što je činila više od nas? Jednog dana, ove riječi su odjeknule u njezinome srcu: *„Budite sveti jer sam ja svet!"* Shvatila je kako njezina najveća slabost ne može biti prepreka planu svetosti koji Bog ima za nju. Primit će milost kako bi postala sveta jer je to Božja volja, a Bog od nas ne traži nemoguće. Bez oklijevanja, donijela je čvrstu odluku postati svetica! Još bolje: postati velika svetica! Vjerovala je u sigurnu Božju snagu i odlučila je prihvatiti plan svetosti koji je Bog imao za njezin život. Evo njezine tajne: odlučila je! Bog je učinio svoj dio . . .

Malo ljudi shvaća da smo svi pozvani na veliku svetost! Radi se o tome da u potpunosti zauzmemo najbolje mjesto koje nam je Isus pripremio, bez obzira na našu sadašnju situaciju i kakve rane nosimo. Čak i ako sam veliki grešnik u starosti, nikada nije prekasno za uhvatiti tu milost! Možemo biti veliki sveci samo ako se odlučimo to biti! Gospa nas je često pozivala:

„Draga djeco, neka danas bude dan vaše odluke za svetost. Ne čekajte sutra! Odlučite se staviti Boga na prvo mjesto u svome životu!"

Mogli bismo usporediti duhovni život s putovanjem na moru. Nalazim se u brodu u Mediteranskom moru i želim ići u Marseille kako bih se pridružila svojoj obitelji. Želeći postići svoj cilj, usmjerila sam kurs za Marseille i kormilo u pravom smjeru. Unatoč valovima i olujama (kušnje i napasti) koji navaljuju na moj mali brod, stići ću živa i zdrava jer sam usmjerila brod prema Marseilleu. Ali ako ga zanemarim i ne budem pažljiva, ako se ispružim na stolici kako bih dobila boju diveći se lijepoj mediteranskoj obali, postajem rastresena i pustim kormilu da učini što god hoće. Potom riskiram da me odnesu valovi te neću stići u Marseille.

Majka Božja nam kaže: „Draga djeco, ne zaboravite da je vaš pravi dom u nebu!"

Pomislimo koliko snage trebamo uložiti za dobivanje doma iz snova ili za kupnju automobila koji će nas učiniti ponosnima. Ali, jednog dana to će nestati! Autobomobil će završiti u otpadnom dvorištu, a tijelo će propasti i nestati! Bilo bi tragično doći na zadnju stanicu našega života i vidjeti da nismo pripremili ništa za naš vječni dom, jedini koji će trajati zauvijek! Zašto se ne bismo od danas brinuli za njega?

Uzimam ponovno Mariju za ruku i usmjeravam kormilo života prema svetosti, prema mome konačnome cilju koji je Nebo gdje me čeka Božji zagrljaj.

Mnogi ljudi misle kako se svetost sastoji u izvođenju izvanrednih djela i čudesa. Zasigurno ne! Čak i sotona, koji je anđeo, može izvesti nevjerojatna djela kako bi nas prevario! Drugi misle kako se svetost sastoji u tome da postanemo izuzetne osobe i isključujemo sebe iz ove grupe. Ne, izuzev onih koji imaju vrlo određen poziv od Boga, najsigurniji put je jednostavan i skrovit život. Što je, dakle, prava svetost? Jednostavno govoreći, to je imati u našim srcima puninu ljubavi. Zato su sveci najsretniji ljudi na svijetu! Kada nemamo ljubavi u sebi, postajemo bolesni! Možemo dobiti ovu puninu ljubavi kroz molitvu, sakramente i milosrđe. Kroz njih, Bog nas ispunjava svojom ljubavlju poput stalnog natapanja milosti te dan za danom rastemo na putu prema svetosti.

Puno se ljudi boji da će im Božja volja prouzročiti patnju

jer o tome imaju krivu predožbu. Vide je kao ograničavajuću i negativnu. Misle da će im nešto oduzeti i spriječiti ih kako bi slobodno činili što žele. To je nepoznavanje živoga Boga! Bog želi samo jedno: spasiti nas pod svaku cijenu. Isus je izjavio: *"Tako ni Otac vaš, koji je na nebesima, neće da propadne ni jedan od ovih malenih."* (Mt 18, 14) Što tražimo od Oca kada kažemo: „Neka bude tvoja volja?" Molimo ga da spasi svu svoju djecu. Svim srcem recimo: „Evo me, Gospodine! Želim sudjelovati u tvom planu spasenja za cijelo čovječanstvo. Koristi me kako god želiš jer želim u potpunosti sudjelovati u tvojoj misiji!" Božja volja je ljudski život!

U ovom otajstvu Marijinog uznesenja dobili smo trenutni pogled u Nebo gdje svjedočimo dirljivom zagrljaju Isusa i njegove majke koji nam pokazuju kakav nas zagrljaj čeka jednoga dana. Divimo se pobjedi ljubavi koju je Marija donijela na zemlju i koja je zaslužna za toliku sreću! Kao prava majka, želi da sva njezina djeca budu blizu nje. Nestrpljivo čeka da nađemo utočište u njezinim rukama kako bi se mogli uzdići s njom, dati sebe Isusu i vladati s njim!

PETO SLAVNO OTAJSTVO

Marija je okrunjena za Kraljicu neba i zemlje

U ovom otajstvu ponovno smo pozvani u naše nebesko kraljevstvo. Ponovno vas pozivam u raj, ovoga puta kako biste vidjeli radost Isusovu, Očevu i Duha Svetoga kada okrune Mariju za Kraljicu neba i zemlje. Možemo biti ponosni što imamo takvu Kraljicu koja je preplavljena ljubavlju i nježnošću! Ona je Kraljica i Majka, istinska Majka!

Želim vas nešto pitati: tko je za vas kraljica? Tko je kralj? Na trenutak se prisjetite bajki iz djetinjstva u kojima su većina kraljeva, više ili manje, bili despoti. Povijest čovječanstva prepuna je tolikih primjera kraljeva koji su zloupotrijebili svoju moć toliko da za „ljude" kao što smo mi, samo čuti riječ „kralj" ili „kraljica" može probuditi u nama neugodan osjećaj. Ipak, kralj je osoba koja posjeduje kraljevstvo, posjed, zemlju, u osnovi mjesto koje je po zakonu pod njegovom vlašću. U ovom kraljevstvu žive njegovi podanici, a u nekim slučajevima, podanik je svatko od nas. No, mi se iz ljubavi želimo podložiti našoj Kraljici Mariji! Volimo je i želimo joj ugoditi. Kakvu ulogu ona ima? Kao istinska kraljica, upravlja zemljom pokušavajući zajamčiti mir i dobrobit svima!

Sada smo u posljednjem otajstvu krunice. Bili smo ljubljena Marijina djeca u devetnaest otajstava; sada smo pozvani da i mi postanemo njeni podanici i napravimo korak više u konkretnom sjedinjenju s njom. To nas toliko umiruje! Kraljica je jer voli! A zato što voli, u potpunosti je u službi naše sreće. Ovo putovanje kroz kontemplaciju učinilo je da rastemo u spoznaji Isusa i Marije te smo konačno shvatili kako im možemo bez oklijevanja povjeriti svoj život. Potvrđujemo im da ih od danas pozdravljamo kao svoje suverene vladare. Želimo im se posvetiti, kao i sve naše najmilije te čak i ono što nam pripada. Prekrasnom molitvom posvete recimo Mariji da joj u potpunosti i svim srcem pripadamo.

Nažalost, trenutak nakon izgovaranja ove molitve, može se dogoditi da djelujemo u duhu svijeta zaboravljajući kome pripadamo. Udaljujemo se od nje zaboravljajući kako sve što jesmo i sve što imamo po pravima pripada njoj. Tijekom ove desetice, obnovit ćemo svoj čin predaje Blaženoj Majci, kraljici čitavog našeg života. Primjer koji slijedi pomoći će nam da sasvim konkretno shvatimo u kojoj mjeri želi ući u naš svakodnevni život. Pustit ćemo da njime upravlja i vodit će nas do mira i sposobnosti da volimo riječju i djelom.

Pozvat ću Majku Božju u moju kuću, u moj dom tako da može vidjeti sve sobe. Znat će tada kako živim s mužem, djecom i cijelom obitelji i kako se brinem za kuću. Uzimam je za ruku i prvo je uvodim u svoju spavaću sobu. Pitam je:

—Majko, tako bih voljela da si kraljica moje spavaće sobe! Je li ti se to sviđa?

Kako će mi odgovoriti?

—Da, soba je prekrasna! Vidim da si promijenila zavjese.

Ovako je puno više svjetlosti! Čak si kupila i novi madrac, to će biti bolje za tvoja leđa!

Malo nakon toga, veo tuge joj se nadvije nad lice i upitam je:

—Majko, je li nešto nije u redu u ovoj sobi?

—Draga moja kćeri, ne vidim moga sina Isusa ovdje! Gdje je raspelo? Gdje si ga stavila?

—U pravu si, Majko, stavila sam ga u ormar jer mi je kćer rekla da stavim poster američkog glumca na zid i poslušala sam je. Majko, istina je. Oslobodila sam se tvog Sina!

—Dijete moje, dobro znaš da te nije spasio taj američki glumac! I on je moj sin i volim ga, ali molim te, zamijeni ga s raspelom. Prije nego odete u krevet, kleknite pred Isusa, ti i tvoj muž te molite zajedno. Pomirite se ako je to potrebno. Ne idite u krevet, a da se niste pomirili. Na taj način ćete živjeti i spavati s Božjim blagoslovom! Vidjet ćete razliku. Također, stavi neke posvećene predmete u svoj dom. Neka ti tako dom bude blagoslovljen. Život će ti se promijeniti i bit ćete bolje zaštićeni.

—U redu, Majko! Odmah ću staviti raspelo natrag na njegovo mjesto. Tako ćeš radosno moći kraljevati u mojoj sobi!

—Hvala ti! Vidim fotografiju tvoje pokojne svekrve na ormaru. Jesi li ikada rekla misu za pokoj njezine duše? Nemoj to zanemarivati, ne možeš zamisliti milosti koje dobivaš pomažući dušama u čistilištu! Tako ćeš zauzvrat imati nove zagovornike koji će ti pomoći ovdje na zemlji.

—Sada, Majko, dopusti mi da ti pokažem moju blagavaonicu. Sviđa li ti se? Posvećujem je tebi. Budi kraljica ove sobe!

—Vidim da si kupila prekrasne stolice i da imaš veliki stol. Kao i moj Sin, i ja volim velike stolove; podsjećaju me na blagovanja u kojima je moj Sin privlačio grešnike k obraćenju i gdje su i siromasi imali svoje mjesto. Ali, vidiš, malo sam tužna. Oko ovoga stola nikada nisam vidjela siromahe ili patnike bilo koje vrste: slijepe, gluhe, bolesne, hendikepirane, beskućnike . . .

—O Majko, često sam čitala to poglavlje u Bibliji. Praktički ga poznajem srcem, ali priznajem da nikada nisam razmišljala o tome da ga stavim u praksu! Nikada nisam tako pozvala ljude. Majko, sramim se zbog toga. Žao mi je, uvrijedila sam tvoga Sina! Ali gledaj, imam ideju: od danas ti si ta koja će slati pozivnice! Pozvat ću koga god želiš i pokušat ću primiti naročito one koji mi ne mogu to uzvratiti. Raduj se! Bit ćeš kraljica moje blagovaonice!

—Majko, sada pođimo vidjeti dnevnu sobu. Udobna je, zar ne? Što ti misliš o tome?

—Udobna za tebe, ali ne za moga Sina . . . Zašto si stavila televiziju u sredinu? Zar se ne sjećaš moje poruke u Međugorju: „Draga djeco, odredite jedno mjesto u kući za obiteljsku molitvu." Ako želiš održati obitelj na okupu, najbolji način za to jest sastati se svaki dan na molitvu. U protivnom će neprijatelj, ne pronalazeći prepreku za svoj plan uništenja, sijati razdor! Ukrast će malo mira što imate i radovat će se tome da svakoga odvoji! Napravite mali oltar i stavite na njega Bibliju, križ, malo blagoslovljene vode, ikonu . . .

—Majko, već sam pomislila na to, ali znaš, uvijek sam tako zauzeta . . . U pravu si, maknut ću televiziju i napraviti prekrasan molitveni kutak . . .

—Majko, pogledaj, tu je fiksni telefon. Želim da ti budeš kraljica ovog neophodnog sredstva. Što kažeš na to?

—Hvala ti što misliš na to jer s telefonom možeš učiniti toliko dobra koliko i zla. Ako mi dopustiš upravljati tvojim telefonom, imam za tebe dobre vijesti: računi će ti biti dvostruko manji!

—Stvarno? Zašto?

—Ako sam uz tebe kada nekoga nazoveš, nećeš moći reći loše riječi, izbjeći ćeš bespotreban govor i štetne riječi, više ništa loše nećeš reći o svome susjedu; loš govor će prestati! Zamisli koliko ćeš vremena i novca sačuvati! Koliko će mi to radosti donijeti jer jako patim zbog tvoga telefona i poziva! Bit će mi drago potaknuti dobre razgovore na slavu Božju. K tome, sjećaš li se svoje starije tete koju nitko ne posjećuje? Zašto je ne nazoveš jednom ili dva puta tjedno? Ako budem kraljica tvoga telefona, brzo ćeš ga pretvoriti u sredstvo milosrđa! Moj Sin će biti sretan jer kako kaže: „Što god učinite jednome od ove moje najmanje braće, meni ste učinili."

—Oh Majko, zašto ti prije nisam posvetila svoj dom? Uistinu si kraljica. Brineš se za najmanje detalje u našim životima.

—Sada jedva čekam kako bih ti pokazala DVD-e i knjige u našoj knjižnici. Želiš li ih pogledati? Što misliš o njima?

—Imaš veliku zbirku! Puno ovih DVD-a i knjiga je dobro. No, vidim da neke od njih sadrže nečiste i nasilne scene. To me rastužuje jer tako unosiš tamu u srca djece koja su duhovno vrlo osjetljiva! Trebali bi otkrivati prekrasne stvari stvaranja i diviti im se. Zašto im ubrizgati taj otrov? Zašto bi ih povezala s antikršćanskim teorijama, kao na primjer New Age i druge tako da se njihov dar razlučivanja ugasi? Predlažem ti da ih sve odvojiš i staviš u dvije hrpe: jednu u kojoj je dobro i što ćeš zadržati, i drugu s onim što čini zlo i trebalo bi ići u smeće da se uništi. Molim te, nemoj ni pomisliti da to nekome pokloniš i tako zaraziš tu osobu! Sve to zapali! Moj Sin ne voli kompromis u domovima onih koji su kršteni i pripadaju njemu.

—Oh Majko, rekla sam sebi toliko puta da bih trebala više obraćati pažnju, ali vidiš kako se tako lako nagodim! Sada kada ti živiš ovdje sa mnom, imat ću snage promijeniti se.

—Majko, bi li pogledala u ovaj sef gdje držimo dragocjene stvari? Želim da upravljaš svim mojim materijalnim i financijskim dobrima i nad svime što posjedujemo.

—Drago moje dijete, hvala ti što mi povjeravaš svoj novac. Dobro njime upravljaš, ali vidim da često zaboravljaš što Gospodin savjetuje u Pismu, to jest, davanje desetine hramu, što znači 10 % svoga prihoda (USP. LK 11,42). Hram više ne postoji, ali uvijek ima siromaha. Ponekad dadeš malo novca potrebitome, ali možeš im dati još i više! Znaš li što nas Biblija uči o milostinji? *„Udijeljena milostinja oslobađa od smrti i ne dopušta da odeš u mrak."* (TOB 4,10) *„Milostinja oslobađa od smrti, ona čisti od svakoga grijeha."* (TOB 12,9) *„Milosrđe čisti od grijeha."* (SIR 3,30) Vidjet ćeš samo kako će te Gospodin nagraditi! Prema tome, stavi sa strane tu desetinu, i nikada nećeš požaliti! Misli na one koji su danas u nevolji; ima ih sve više i više! Kao obitelj koja nema što za jesti, majka u bolnici, otac koji nema posao, siromašna osoba, mlada osoba u potrebi . . . Mogla bi učiniti toliko dobra! Isus će ti stostruko uzvratiti; voli umnažati svoje nagrade kada netko dobrovoljno daje, čak i najmanju stvar. Još uvijek previše brojiš svoj novac, budi velikodušna u davanju milostinje!

—Draga Majko, obećajem da ću biti pažljivija. Već osjećam veliku radost pri pomisli kako ću pomagati mnogim ljudima. Hvala ti što mi prizivaš te riječi tvoga Sina!

—Majko, želim ti pokazati ormar s odjećom u hodniku, može?

—Vidim da imaš dobar ukus, to je dobro, ali imam jednu zamjerku: ona haljina koju si kupila prije nekoliko dana, sjećaš li se kakve si misli imala kada si je birala?

Da, Majko, sramim se to reći . . . Priznajem da nisam bila čedna! Kupila sam je s namjerom da privučem pozornost i budem zavodljiva. Noseći tu haljinu, mogla bih potaknuti

Marija je okrunjena za Kraljicu neba i zemlje

druge na nečiste misli i grijeh. Hvala ti što si spomenula tu bitnu stvar! Vidiš kako često griješim, a da nisam ni svjesna toga! Ne uzimam u obzir slabost ljudi oko sebe i kako bi lako zbog mene mogli pasti u grijeh. Oh, kako se kajem zbog toga! Vrijeme je da ti dodijelim mjesto kraljice! Imam ideju: od sada možeš ići sa mnom u kupovinu i možeš mi reći što bi izabrala za mene kako bih to kupila. S obzirom da si najljepša žena na svijetu, ne trebam se bojati!

—Majko, dođi, želim ti pokazati svoju garažu! Ovo je moj auto! Želim posvetiti svoje auto tebi kako bismo zajedno mogle putovati kroz život.

-Dijete moje, zahvaljujem ti jer nikada nisam imala auto u Nazaretu i ne skrivam od tebe činjenicu da volim voditi na putovanju. Koliko sam puta rekla u Međugorju: „Draga djeco, ja sam vaša Majka i želim vas voditi u raj!" Hvala ti što mi dopuštaš da te vodim kroz život. Dijete moje, doista bi mi dopustila da vozim tvoj auto?

—Da, Mama! Preuzmi volan i vozi me gdje želiš ili gdje god to Isus želi!

Drago moje dijete, vidim da si ponekad u tjeskobi razmišljajući o budućnosti tako da si često u kušnji savjetovati se s vračarima, astrolozima, onima koji proriču budućnost ili zazivaju duhove kroz čitanje tarot karata ili zvijezda. Znaš li da Bog to naziva „gadost" u Bibliji? (Pnz 18,11) Koliko si puta znatiželjno pročitala horoskop u novinama? Prestani sve to činiti! Znaj da ako ja upravljam tvojim autom, ako vodim tvoj život i uvijek sam uz tebe, ne trebaš se ničega bojati. Ne možeš sada znati budućnost. Živi ovaj trenutak u dubokom miru bez straha od ičega! Kada padne noć i ništa ne možeš vidjeti, ja vidim! Kada voziš po noći, tvoja svjetla osvjetle samo dio staze koji trebaš kako bi išla dalje; ne vidiš cijeli put. Da ga vidiš, bila bi u potpunosti zbunjena, ne bi se mogla nositi sa svim informacijama i bila bi u potpunosti preplavljena time. Zaista želim sklopiti savez s tobom. Dat ću ti svo potrebno svjetlo kako bi išla naprijed u miru dok god imaš neograničeno povjerenje u mene. Može? Nakon svega, zar ja nisam tvoja kraljica? Od srca ti zahvaljujem jer si mi dopustila ući u tvoju kuću, u intimnost tvoga života i jer si prihvatila moje upravljanje. Obećavam ti da ćeš uvijek imati moj blagoslov.

Dragi prijatelji, ako donesemo čvrstu odluku da ćemo prihvatiti Blaženu Majku kao našu ljubljenu kraljicu, ona će nas blagosloviti! Možemo se uzdati u nju i posvetiti joj svoj život, bližnje, dom, posao i sve što posjedujemo na zemlji kako bi ona vladala u našim domovima kao najbolja kraljica ikada. Nećemo biti razočarani.

Draga Majko, hvala ti jer si zaista moja kraljica! S punim povjerenjem, prihvaćam te u svoj život. Svi ti pripadamo, draga Majko, i neizmjerno te volimo!

Otajstva Samilosti

Suosjećanje se ne rađa u srcu u roku od 24 sata! Poput bistre vode, polako ulazi, postepeno prodire u ljudsko biće i nadahnjuje ponašanje koje može odvesti jako daleko! Radi se o tome da dopustimo da nas pogodi nova bol, bol našega bližnjega zbog koje patimo, ali koja u sebi ima slatkoću ljubavi. Cum patior, „supatim", to je značenje riječi suosjećanje koja označava jedan od najplemenitijih osjećaja ljudskoga srca, osjećaj dostojan Kristove plemenitosti, suprotan hladnoj ravnodušnosti koja ponižava čovjeka. Takva podijeljena bol koja je poželjna među svima, dopušta duši rast u milosrđu i dobivanje veće nebeske slave.

Evanđelje nam pruža mnogo primjera istinske samilosti. Zašto, dakle, ne bismo imitirali svetog Ivana Pavla II. koji je u svojoj hrabrosti želio obogatiti „klasičnu" krunicu s pet novih otajstava uzetih iz evanđelja, otajstva svjetla? Zašto ne bismo izabrali pet događaja iz Isusovog života gdje ga vidimo u činu suosjećanja?

Nema milosrđa bez samilosti, jer samilost je predsoblje milosrđa. Dakle, kako bismo bolje prošli kroz vrata milosrđa, jedina koja daju pristup nebu, naučimo kroz Marijin pogled kako je Isus izrazio samilost prema ljudima oko sebe, nahranimo se njegovim primjerom! Zar to nije želja našeg srca i smisao našeg života: nalikovati mu u svemu i preobražavati se u njega što je više moguće? Postajemo ono što razmatramo...

PRVO OTAJSTVO SAMILOSTI

Milosrdni Samarijanac

 prvom otajstvu samilosti nalazimo se na putu koji se spuštao iz Jeruzalema u Jerihon. Isus susreće pismoznanca koji ga pita: *„Učitelju, što mi je činiti da život vječni baštinim?"* (Lk 10, 25-37) Isus mu reče: *„U Zakonu što piše? Kako čitaš?"* Odgovori mu: *„Ljubi Gospodina Boga svojega iz svega srca svoga, i svom dušom svojom, i svom snagom svojom, i svim umom svojim; i svoga bližnjega kao sebe samoga!"* Ali, želeći se opravdati, pismoznanac reče Isusu: „A tko je moj bližnji?"

Kao odgovor, Isus pripovijeda ovu dirljivu prispodobu:

Nekoga su čovjeka napali razbojnici i ostavili ga polumrtvoga u jarku uz rub puta. Tamo prolazi jedan svećenik, ali nastavlja svojim putem. Potom prolazi levit, vidio ga je te zaobišao. Konačno, jedan Samarijanac—stranac koji nije dio židovske zajednice—prolazi tim putem, i otkrivši ozlijeđenog čovjeka, biva ganut i odmah kreće u akciju. Zaustavi se kako bi mu pomogao. Što se događalo u srcu toga Samarijanca? Jednostavno, uzeo je na sebe patnju tog čovjeka.

Mnogo ljudi osjeti suosjećanje: teško je vidjeti bolesnika, osobu koja pati, a da se ne osjetimo potreseni. Međutim, pravo suosjećanje nije samo u osjećaju: ono zahtijeva djelovanje kako bismo ublažili bol onoga koji pati, koliko god možemo.

Kada otkrije tog neznanca, Samarijanac je toliko potresen njegovom patnjom da zaboravlja na sve ostalo. Približava mu se, i bez gubljenja vremena, ponaša se prema njemu kao prema vlastitom djetetu.

Proučimo slijed događaja njegovih postupaka kako su nam predstavljeni u evanđelju, ima ih deset:

1) Vidje ga i sažali se, 2) pristupi mu, 3) povije mu rane zalivši ih uljem i vinom, 4) zaveže ih, 5) zatim ga posadi na svoje živinče, 6) odvede ga u gostinjac, 7) pobrinu se za njega, 8) sutradan izvadi dva denara, 9) dade ih gostioničaru, 10) i reče: 'Pobrini se za njega. Ako što više potrošiš, isplatit ću ti kad se budem vraćao.'

Vrijedi zaustaviti se na tom zadnjem dijelu. Zaista, Samarijanac je bio u velikoj opasnosti jer ga je vlasnik hostela mogao iskoristiti i dati mu pretjerani račun!

Osjećaj koji je Duh Sveti nadahnuo toliko mu je zapalio srce da apsolutno ne misli na posljedice svoga izbora, ne vodi računa o rizicima i nedostacima. Ne dopušta da ga zaustavi činjenica da, tako djelujući, može se izložiti eventualnoj kontaminaciji. Tako razumijemo kako je suprotnost suosjećanju ravnodušnost.

Zli je stručnjak kada se radi o uklanjanju svih oblika suosjećanja i uspostavljanja ravnodušnosti. Kada nam se u srcu rodi nadahnuće milosrđa, suosjećanja ili oprosta, bombardirani smo mislima koje nas neutraliziraju na duhovnom bojnom polju: „Nemam vremena! Nije dobar trenutak! To će me previše koštati! Tko zna što će mi se dogoditi ako to učinim! Ta osoba to ne zaslužuje! Nisam sposoban za to! Prekasno je! Prerano je! Iskoristit će me! Ne znam ništa o toj osobi!" Itd.

Milosrdni Samarijanac

To je evanđelje vrlo dobro jer iako je zahtjevno, Isus nam daje jasne upute. Zaista, poziva nas učiniti ono što traži od pismoznanca: „Idi pa i ti čini tako!" Isus mu nije rekao da ide i učini pola od toga, četvrtinu ili tri četvrtine, ne! Čini isto i imat ćeš vječni život. Trofej je dakle vječni život! Što više sućuti pokažem približavajući se patnji moga brata, više ću zauzvrat primiti obećanu sreću, zalog pravoga života, mir, radost, ljubav . . . i bit ću bliži Isusu. Više ću ja sam postati izvor ljubavi za druge.

Pismoznanac je htio znati tko je njegov bližnji. Isusov odgovor je jasan: tvoj bližnji ne postoji! Jer je svaki čovjek tvoj brat. No istinski bližnji, to si ti kada se približiš svome bratu kako bi podijelio s njim njegovu patnju i kako bi ga utješio. Kada si ti onaj koji je milosrdan, tada postaješ bližnji svome bratu.

Uzmimo primjer Majke Terezije iz Kalkute. Napustila je samostan časnih sestara u Loretu gdje je sve imala: sreću, hranu, sigurnost, toplinu zajednice i mogućnost rasta u svetosti. No, slijedeći jedinstveni Božji poziv, našla se sama na napučenim ulicama Kalkute, bez ičije pomoći, jedino iz ljubavi prema siromasima i umirućima.

Drugi lijepi primjer samilosti dala nam je Gianna Beretta Molla. Dok je bila trudna, imala je velikih problema sa zdravljem. Kako je bila liječnica, vrlo dobro je znala što je čeka: trebala je izabrati između vlastitog života i života djeteta kojega je nosila. Zamislite tu nedoumicu! Već je imala nekoliko malene djece. Ipak, nije oklijevala niti na trenutak, izabrala je spasiti život malenoga bića koje je nosila u svojoj utrobi i koje nikada nije vidjela.

Također mislim o jednoj velikoj francuskoj prijateljici, prekrasnoj mističarki koja je malo poznata: Majka Yvonne

Aimée de Malestroit. Za vrijeme Drugog svjetskog rata, upravljala je bolnicom i pokazivala je veliku samilost prema svim borcima koji su riskirali biti deportirani u koncentracijske logore. Ona se suprotstavila nacistima i sakrila savezničke vojnike koje je Gestapo tražio tako što se pretvarala da su hospitalizirani vojnici. Znala je da, ukoliko bude otkrivena, bit će mučena i ubijena: ali nije mislila na vlastiti život i više se brinula za očajnu situaciju tih ljudi u smrtnoj opasnosti. Pokušala ih je spasiti i smišljala suptilne planove kako bi ih prikrila ispod odjeće hospitaliziranih redovnika.

Sjetimo se i dvoje velikih svetaca, sestre Faustine Kowalske i oca Pija iz Pietrelcine kojima je Bog dao dar čitanja duša. To je još jedan način pokazivanja samilosti. Kada je sestra Faustina naišla u hodniku na osobu u smrtnom grijehu, odmah je osjetila bol u stigmama na tijelu i u duši, toliko je bila sjedinjena sa Isusom.

Isto tako, otac Pio nosio je na svome tijelu i u svome srcu znakove Kristove muke, stigme na rukama, nogama i na boku, kao znakove velikog Isusovog suosjećanja prema grešnicima. Prorok Izaija to pokazuje u poglavlju o Sluzi patniku: *„Na njega pade kazna—radi našeg mira, njegove nas rane iscijeliše."* (Iz 53,5) Koliko je Isusovo milosrđe!

Ipak, prava samilost nikoga ne uništava: Djevica Marija stajala je ispod križa. Unatoč svojim bolovima, otac Pio je ostajao satima u ispovjedaonici; nije provodio vrijeme u krevetu žaleći se: „Ah, koliko patim!" Naprotiv, uvijek je radio i radovalo ga je to što je mogao dijeliti patnju s drugima. Bio je sretan i volio se šaliti s ljudima. Pravo suosjećanje proljepšava dušu. Ako netko ima iskreno suosjećanje u srcu, njegovo lice zrači svjetlošću, nježnošću i ljepotom!

Mi koji želimo voljeti Isusa i koji mu želimo pomoći

u spašavanju duša preko molitve i žrtve, možemo tražiti milost suosjećanja. Zato recimo svoju molitvu Svetoj Djevici, najsuosjećajnijom od svih stvorenja. Također je nazivamo i Majkom boli jer nosi sve naše boli, bolesti i tuge. Usred rata na Balkanu, kada su se događala strašna uništenja u Jugoslaviji, dala je ovu poruku: „Draga djeco, vaša patnja je i moja patnja." (25. TRAVNJA 1992.) Ona zna kada je srce ranjeno izdajom ili napuštanjem; ona sve osjeća.

U ovome otajstvu zamolimo Mariju, Majku žalosti, za dar suosjećanja, da znamo nositi dobronamjeran i pozitivan pogled onima koji nas okružuju, pogled koji ne osuđuje, ne kritizira i ne naglašava mane bližnjih. Pogled koji nas potiče na djelovanje i pomaganje. Neka naše srce mogne razumjeti što proživljavaju moj brat ili sestra s kojima živim, koja je njihova nevidljiva ili vidljiva patnja i što je pretrpio u prošlosti. Učimo se biti nalik nebeskome Ocu: *„Budite milosrdni kao što je Otac vaš milosrdan."* (LK 6,36), kaže nam Isus, prijatelj ljudi! Da, molimo za tu milost Djevicu Mariju.

DRUGO OTAJSTVO SAMILOSTI

Udovica iz Naina i uskrsnuće njezinoga sina

Sada idemo u Galileju o kojoj je zapisano: *"Narod što je sjedio u tmini svjetlost vidje veliku; onima što mrkli kraj smrti obitavahu svjetlost jarka osvanu."* (Mt 4,16) Približavamo se malenome gradu Nainu. Kao i uvijek, veliko mnoštvo prati Isusa i njegove učenike. Pri ulasku u grad, susretnu drugu procesiju koja prati udovicu. (Lk 7,12)

Ova je žena izgubila jedinoga sina. Isus promatra pogrebnu povorku koja ide do groblja; upravlja svoje srce ka toj jadnoj udovici i tragičnoj situaciji u kojoj se nalazi. Suosjećanje uvijek počinje s pogledom. Namjerno pogleda ovu ženu znajući da je udovica i da je već propatila zbog smrti muža. Zna sve o njoj. Gubitak supružnika je posebno bolan; probada ravno u srce jer sakrament braka ujedinjuje supružnike u jedno tijelo za cijeli život.

Isus je dugo i uporno promatra, i što se događa u njegovom srcu? Zastane od šoka. Unaprijed vidi svoju majku u istoj situaciji: Blažena Majka je izgubila svoga supruga Josipa te je na rubu da izgubi i svoga jedinoga sina. Isus je duboko ganut. On je Stvoritelj, onaj koji je stvorio majčinsku ljubav na prekrasan način. Zna njenu važnost. Kao Sin Božji, htio je imati majku na zemlji. Htio je biti rođen iz majčinske utrobe, okusio je nježnost razmjene ljubavi s majkom, poznavao ju je u intimnosti jednostavnog ognjišta trideset godina.

Suosjećanje koje Isus osjeća je bezgranično. On sudjeluje u našoj patnji i svaki trenutak boli u nama odzvanja u njemu neopisivom dubinom. Kada vidi naše suze, njegovo je srce potreseno. Poslije će u evanđelju reći Mariji Magdaleni koja je došla na grob kako bi pomazala njegovo tijelo i pokazala mu zadnju počast: *"Zašto plačeš? Koga tražiš?"* Prije toga, u Betaniji, Isus je bio dirnut vidjevši suze Marije i Marte. Danas se Isus nije promijenio; ispunjen je istim suosjećanjem prema nama kada izgubimo voljenu osobu.

Suočen s ovom žalosnom ženom, Isus zna da ima moć pomoći joj i ide bez kašnjenja u to učiniti. Nosi u sebi moć Stvoritelja čija je riječ učinila da naš svijet postoji. Što on čini? Dodirne lijes i kaže mladiću: "Ustani!" (Na grčkom je zapisano: "Probudi se!") te ga živog vrati njegovoj majci.

Kada iskusimo žalost, đavao koristi našu ranjivost i pokušava nas gurnuti u očaj ili barem duboku obeshrabrenost. Potiče nas da se pobunimo protiv Boga, da sumnjamo u njegovu ljubav i mislimo kako je naša sudbina nepravedna. Tako je udovica iz Naina kojoj je oduzet sin mogla misliti: "Starija sam od njega, trebala sam umrijeti prije njega. On je jedini uzdržavao obitelj." Kada mislimo o smrti voljenih osoba, i mi možemo biti preplavljeni tjeskobom zbog budućnosti ili ljubomorni na drugu ženu koja još uvijek ima dijete i muža. Mogli bismo biti napadnuti zavidnošću, depresijom i željom za smrti. No Isus je htio da udovica izbjegne ovu agoniju i bude ponovno sa svojim sinom. S njegove strane, njegovo suosjećanje oživljuje, čini sve što je u njegovoj moći i prikazuje najveći dar. Zar nema moć oživjeti mrtve?

Isus tješi udovicu zbog njezine velike nesreće, ali također nudi mladiću drugu priliku. Znamo da će nam na smrti Bog otkriti sebe takav kakav jest. Sve će biti otkriveno u istini i vidjet ćemo svoj život kako bljesne pred našim očima kao u filmu.

Čini se prikladna priča o talijanskom kapucinu, bratu Danielu Natalleu, koji je živio u samostanu oca Pija oko 1940.g. Pogođen ozbiljnom bolesti u trbuhu, brat Daniel bio je blizu smrti. No, otac Pio koji ga je jako volio, rekao mu je: "Nećeš umrijeti. Idi na operaciju u tu i tu kliniku i ne brini!" Bio je hospitaliziran i operiran, no umro je ubrzo nakon operacije. Braća su rekla ocu Piju što se dogodilo te je razumljivo, bio potresen. Rekli su ocu Piju da moli kako bi oživio, što je i učinio te nakon nekoliko sati od potpisivanja smrtnog lista, brat Daniel vratio se u život.

Naravno, bio je bombardiran lavinom pitanja o tome što je iskusio u trenutku smrti. Objasnio je kako je nakon veličanstvenog susreta sa Isusom morao ići u čistilište jer još nije bio spreman ući u raj. Dodao je kako je njegova najveća patnja bila kada je shvatio da je ostvario samo dio plana svetosti koji je Bog namijenio za njega jer je zapravo bio pozvan na veliku svetost. Bilo je kao da mu je mač proboo srce i sebi je govorio da je prekasno za promjenu. No, otac Pio je izmolio za njega milost druge prilike. Otac Daniel se vratio na zemlju te je nakon što je vidio, čuo i proživio ovo iskustvo drugoga svijeta, radikalno promijenio život te je od tada pokazivao milosrđe prema svima. Danas se nastavlja njegova kauza za proglašenje blaženim. Brat Daniel nije propustio drugu priliku!

Što se dogodilo udovičinom sinu? Kada se vratio u život,

imamo svaki razlog vjerovati kako je i on mogao ispričati svojim bližnjima o svojim avanturama u drugome svijetu i kako su različite vrijednosti raja od vrijednosti na zemlji! Imamo pravo vjerovati s razlogom da je promijenio svoj način življenja i pozitivno iskoristio godine koje su mu bile druga prilika. Jednog dana, kada se čovjek suoči s božanskim otkrićem, svaki čovjek, bilo siromašni kao i bogati, stari kao i mladi, grešnici i pravednici, shvati kako jedino milosrdna ljubav traje za vječnost, a sve ostalo nestaje kao snijeg na suncu.

Svaki roditelj koji izgubi dijete nema priliku susresti Isusa na kraju puta ili vidjeti njihovo dijete živo. Jedan par, shrvan smrću njihovog malenog djeteta, posjetio je blaženu Martu Robin (francusku mističarku), nadajući se primiti od nje malo utjehe. Rekla im je: "Vi ste roditelji sveca u nebu i sudjelujete u otkupljenju svijeta." Ovaj dvoslojan odgovor nije izbrisao patnju koju su osjećali, ali im je dao predokus božanske radosti. Okus vječnog blaženstva.

Važno je rasvijetliti pitanje o zabuni koja se danas širi na zapadu. To je vjerovanje u reinkarnaciju. Odgovor na to pitanje pronalazimo u pismu Hebrejima: *„I kao što je ljudima jednom umrijeti, a potom na sud, tako i Krist: jednom se prinese da grijehe mnogih ponese, a drugi će se put—bez obzira na grijeh—ukazati onima koji ga iščekuju sebi na spasenje."* (Heb 9, 27)

Što se tiče Gospe, povela je sa sobom vidioce Vicku i Jakova kako bi posjetili raj, čistilište i pakao. Kada su se vratili, zamolila ih je da kažu drugima kako nakon smrti dolazi vječnost.*

U drugoj poruci govori: „Idemo u nebo u potpunoj svijesti kao što smo sada. U trenutku smrti, postajemo svjesni

---

* Pogledajte: s. Emmanuel: *Međugorsko čudo.* Poglavlje: Krov se otvorio, str. 43-45 odvajanja tijela i duše. Pogrešno je poučavati ljude da se rađamo nekoliko puta te dobivamo drugačija tijela. Samo se jednom rodimo. Tijelo, uzeto sa zemlje, raspada se nakon smrti. Nikada više neće oživjeti. Čovjek dobije preobraženo tijelo." (24. SRPNJA 1982.)

Kao što je rekao otac Cantalamessa, propovjednik svetog Ivana Pavla II. i Benedikta XVI.: "Smrt nije prozor, nego vrata!"

Prije nego zamolimo Isusa i Mariju za dar suosjećanja prema onima koji su pretrpjeli gubitak ljubljene osobe, razmislimo o vrsti oplakivanja koja prevladava u naše vrijeme, oplakivanje majke koja je imala pobačaj. To ostavlja duboku ranu na njezinoj majčinskoj duši. Odbacivši plod svoje utrobe do te točke da ga je maknula, bit će duboko pogođena u svome biću te će na kraju sebe prezirati. Mnoge žene koje su pobacile svoju djecu iskuse strašnu tugu zbog čega ponekad razmišljaju o samoubojstvu. U Međugorju, Kraljica Mira traži od molitvenih grupa da pokažu veliku ljubav ovim majkama koje su pobacile tako da se odmah pomire s Bogom preko dobre ispovijedi. Ona kaže: "Abortus je ozbiljan grijeh jer je to ubijanje ljudskog bića. Molite, djeco moja, kako majke to više ne bi činile!"

Toliko majki pobaci zbog straha ili jer im je kultura smrti koja dobro naziva zlim isprala mozak! Mnogo njih to čini zbog sebičnosti ili kada im partner ili muž nametne užasan izbor: "Ili on ili ja!" Često je pritisak tako snažan da preko volje odluče žrtvovati dijete vjerujući kako će tako zadržati oca djeteta. To nije ništa više nego strašna iluzija. Kako možeš osigurati budućnost obitelji ili osnovati bračnu zajednicu na krvi malenog, nevinoga, bespomoćnog bića? Donoseći ovu odluku, većina žena izgubi dijete i oca u isto vrijeme.

Otvorimo srca sa suosjećanjem prema ovim muškarcima

i ženama u našoj izgubljenoj generaciji! Kroz molitvu, post i žrtvu te ponekad s riječima, možemo zaštititi život i pomoći ovim majkama. Ona koja je Majka života bit će uvelike utješena. Smrt djeteta donosi joj duboku bol.

Prikažimo ovu deseticu Mariji za majke koje su u napasti pobaciti kao i za one koje su već pobacile. Neka prihvate milost da vole život i da se izliječe rane koje nose u srcu.

O Isuse, ispuni nas svojim božanskim suosjećanjem, ti koji nisi došao suditi, već spasiti! Vrati u život one koji su u ovome svijetu kao živi mrtvaci, zatvoreni u zaglušujuće grobove materijalizma. Molim te, daj ih svojoj majci koja je također i naša majka. O Isuse, vrati ih kao bujice kiše u pustinju tako da nam usta budu puna smijeha i pjesme!

TREĆE OTAJSTVO SAMILOSTI

Veronika briše Isusu lice

Sada se vraćamo u Jeruzalem i ulazimo u malu skupinu koja prati Isusa na putu prema Kalvariji. Priča o Veroniki ne pripada evanđelju, već staroj kršćanskoj tradiciji koja nam otkriva dobrotu ljudskog srca i njegovu sposobnost za ljubav. Nudi nam jedan od najdirljivijih primjera samilosti na djelu. Ova neustrašiva žena bila je spremna prkositi rimskim vojnicima samo kako bi bila blizu Isusu i izbrisala krvavo lice svoga Gospodina. Crkva joj je posvetila jedan blagdan, 4. veljače, kako bismo je uzeli za primjer.

U spisima velike francuske mističarke, službenice Božje Marte Robin, imamo neprocjenjivo blago informacija o osobama iz Isusove muke. Zaista, Marthe je svaki tjedan kroz pedeset godina proživljavala Kristovu muku na tijelu i na duši. Vidjele je te scene te ih je detaljno opisala. Marthe potvrđuje kako je Veronika izmišljeno ime koje joj je dodijeljeno kako bi se prisjetili njezine geste. Izraz vera icona, „prava ikona, istinska slika" dano je Veroniki. Zapravo, zvala se Serafija i bila je rođakinja Djevice Marije, malo starija od nje, dakle Isusova teta.

Serafija je bila udata za čovjeka koji je imao visoko mjesto u Jeruzalemu i s njim je imala dvoje djece. No, tijekom Herodovog masakra u Betlehemu, djeca su joj ubijena te je Serafija posvojila jednu malenu djevojčicu. Jako je voljela Isusa, zapravo ga je obožavala. Kada je Isus s dvanaest godina ostao u hramu s učiteljima Zakona bez znanja svojih roditelja, Serafija se brinula za njega i donosila mu jesti. Nažalost, kada je Isus započeo svoje javno djelovanje, njezin muž ga je počeo smatrati prevarantom, nije ga podnosio i zabranio je svojoj ženi da ga ide slušati. (Ali kako bih požurila s dobrim vijestima, znajte da se nakon Isusovog uskrsnuća on obratio tako da su on i Serafija postali predivni svjedoci u Crkvi koja se rađala.)

Zabrana da Isusa ne može gledati i slušati za Serafiju je bilo nepodnošljivo mučenje i, dok je boravila u kući, pokušavala je saznati novosti o svome dragome Isusu. Potom je došao Veliki petak. Kada je saznala da je Pilat osudio Isusa na smrt, bila je kao zatvorenica u kući zbog svoga supruga, ali je s terase mogla čuti buku turobne povorke koja je polako išla naprijed na jeruzalemskom križnom putu. Serafija je imala samo jednu goruću želju: susresti se sa Isusom prije nego bude raspet. Više nije mogla izdržati u kući, i znajući da Isus umire od žeđi, odlučila mu je otići u susret. Što je mogla učiniti kako bi mu ublažila patnje? Dala je svojoj kćerki bočicu u kojoj je bilo ukusno alkoholno piće kako bi mu utažila žeđ. Uzela je i laneni veo kako bi navlažila njegovo sveto lice i u velikoj je žurbi pobjegla iz kuće bez muževog znanja.

Konačno se pridružila povorci, ali kako zaobići zapreku konja, vojnika naoružanih s kopljima i lancima? Kako doći do Isusa? Bez razmišljanja o riziku da bude pretučena ili usmrćena, potrčala je i čudom je uspjela približiti se Isusu. Ljubav tako djeluje, ne vidi prepreke, nije blokirana strahom. Ali, njezina malena djevojčica nije uspjela prići Isusu, vojnik ju je gurnuo u stranu i ona je ispustila bočicu namijenjenu Isusu.

Veronika briše Isusu lice

Sada Serafija stoji pred Isusom i gleda ga. U tom božanskom trenutku između Serafije i Isusa, ta razmjena pogleda ljubavi je ključna, može sve, govori sve, sadrži sve. Isus koji vidi Serafiju nije Isus kojega je ona poznavala! Znojio se krvlju u Getsemanskom vrtu i lice mu je postalo crveno. Nosi krunu od trnja; prekriven je pljuvačkama, prašinom te čak i životinjskim izmetom jer je nekoliko puta pao na putu, a u to se vrijeme svašta nalazilo na uskim uličicama Jeruzalema. Njegovo otečeno lice je neprepoznatljivo zbog udaraca vojnika za noći provedene u zatvoru. Ipak, veličanstvo njegovog duboko božanskog pogleda tajanstveno počiva, te promatrajući taj pogled, Serafija briše to lice s neizmjernom nježnošću, ona ga čisti od pljuvački, prašine i krvi u rekordnom vremenu. To je čin savršene ljubavi koju je u potpunosti nadahnuo Duh Sveti! Kakva utjeha za Isusa! Prorok Izaija koji je proročki promatrao Sina Božjega u njegovoj muci vrlo dobro opisuje izobličeno lice trpećeg Sluge (Iz 53): „Ne bijaše na njem ljepote ni sjaja da bismo se u nj zagledali... Prezren bješe, odbačen od ljudi, čovjek boli, vičan patnjama, od kog svatko lice otklanja." Pred tom gestom savršene ljubavi koja mu je dala toliko utjehe, Isus zauzvrat ostvaruje dvostruko čudo: ne samo da ostavlja otisak svog božanskog lica na Serafijinom velu, nego je u njezino srce stavio vatru izuzetne ljubavi koja je više nikada neće napustiti.

Taj isti laneni veo koji je Crkva oduvijek čuvala, danas se nalazi u bazilici svetog Petra u Rimu pod kupolom pokraj desnog stupa, ispod kipa Veronike. Tkanina je u međuvremenu potamnila, ali se 1848. dogodilo čudo pred očima svih prisutnih. Prema tradiciji, ovo je platno izloženo javnosti na Veliki petak, ali zbog tamne boje, više se nije moglo raspoznati Isusovo lice. Ipak, prije nekoliko godina odjednom se rasvijetlilo i svi su se mogli nekoliko trenutaka diviti Kristovom svetom licu prije nego je ponovno postalo tamno kao prije.

Vratimo se Serafiji. Nakon njezine toliko hrabre geste ljubavi, vojnici su je gurnuli zajedno s njezinom kćerkom. Tako dijete nije moglo donijeti nikakvo olakšanje Isusu u užasnoj žeđi koja ga je proždirala, mučila i na kraju natjerala da poviče s križa: „Žedan sam!"

Veronika nas je uspjela podučiti pravoj kontemplaciji: što je više promatrala Isusa, to se više njezina samilost prema njemu povećavala. Što je više prihvaćala njegovu bol, tim je više bila ganuta potrebom da mu pruži pomoć. Oh, kada bismo znali koliko pomažemo Isusu kada ga promatramo u njegovoj muci sa iskrenom ljubavlju! Veronika je svjedok tome, što više promatramo Isusa u njegovoj kenozi (PONIŽENJU), to nam više prenosi svoju božansku ljepotu i više utiskuje u našu dušu svoju božansku sliku. Kako divno! Tkanina od lana postaje znak nadnaravnog iskustva koje doživljavamo kada promatramo Isusa u njegovoj muci. Sveta Faustina primila je od njega to pouzdanje: „Kćeri moja, tvoja sućut prema meni je za mene olakšanje; tvoja duša se oblači u izvanrednu ljepotu preko razmatranja moje muke." (DN § 157)

Nemojmo propustiti djelovanje Duha Svetoga u nama kako bi učinio ovo čudo: razmatrajući Kristovu muku, dobivamo ljepotu, ljubav, nježnost i naposljetku, pobožanstvenjeni smo. Preko našeg pogleda ljubavi koji počiva na njemu, i dok njegov pogled počiva na nama, prenosi nam svoja najveća blaga, ona poznata blaga o kojima govori u evanđelju, koja trebamo skupiti za nebo. (USP. MT 6,20)

Svjetlost koja je izlazila iz Isusovog pogleda također nam omogućuje prepoznati ga u siromasima ili u ljudskim olupinama koje susrećemo na našem putu. Ali nemojmo se zavaravati! Budni budimo jer to siromaštvo nije ograničeno na prosjake, bolesnike, hendikepirane ili osobe u visokim godinama. Ne, ono se nalazi i kod naizgled bogatih i moćnih osoba, kod onih koji imaju visoku društvenu poziciju, posao, ime, lijep izgled.

Isus nas poziva da prema svima budemo milosrdni, prema bogatima kao i prema siromasima jer smo zapravo svi siromasi, čak i ako to neki još uvijek ne znaju. Ponekad siromaštvo pritišće bogate više nego siromašne! Dovoljno je izbrojati broj samoubojstava kod bogatih ljudi. Vanjština čini unutarnju patnju još više nepodnošljivom. Koliko se manekenki ili filmskih glumica ubije! Često ne sumnjamo u nutarnju patnju onih koji sjaje sa svojim bogatstvom pred ljudima.

U ovoj desetici, molimo Djevicu kako bi nam podarila svoj pogled koji zna prepoznati ljepotu duše posred svih njezinih patnji, čak i njezinog pada. Nastojmo se pridružiti Isusovoj duši i utažiti žeđ njegova srca. Neka nam sveta Veronika pomogne svojom molitvom kako bismo usmjerili pogled pun obožavanja prema Onome koji je, iz samilosti prema nama, odlučio sve izgubiti kako bi nas obogatio samim sobom. Dođite, poklonimo mu se!

ČETVRTO OTAJSTVO SAMILOSTI

Srce Pastira

astavljamo putovanje u Isusov život i u ovom četvrtom otajstvu samilosti gledamo ga dok hoda i naviješta Božje kraljevstvo na svakom mjestu.

Veliko je njegovo suosjećanje prema mnoštvu! *"I obilazio je Isus sve gradove i sela učeći po njihovim sinagogama, propovijedajući evanđelje o Kraljevstvu i liječeći svaku bolest i svaku nemoć. Vidjevši mnoštvo, sažali mu se nad njim jer bijahu izmučeni i ophrvani kao ovce bez pastira. Tada reče svojim učenicima: »Žetve je mnogo, a radnikâ malo. Molite dakle gospodara žetve da pošalje radnike u žetvu svoju."* (Mt 9, 35-38)

Važno je zapamtiti da Isus ne gleda mnoštvo kao takvo, već gleda svaku osobu posebno, kako ih je On stvorio. „Ali, djeco moja, ne zaboravite, svatko od vas je jedinstveni svijet pred Nebeskim Ocem", govori nam Marija (2. svibnja 2016.) Zna koliki je potencijal svetosti koji je stavio u svakoga od nas. Sa očima srca Isus vidi mogućnost za ovo mnoštvo da postanu sveti ljudi koji su jedno s njim u svemu! Biblija otkriva veliku Božju želju za nama nekoliko puta, njegov je san uvijek isti: *„I vi ćete biti moj narod, a ja vaš Bog."* (Jr 30,22) Isus, Stvoritelj, strašno pati kada vidi svoju djecu kako lutaju bez smisla, izgubljena, kao ovce bez pastira! Njegovo srce krvari jer zna što bi mogli postati ako su dobro vođeni! Sveti Ivan od Križa požalio se Isusu vidjevši veliki broj vjernika koji su zapeli u duhovnoj osrednjosti zbog nedostatka duhovnoga vodstva kada su u sebi imali veliki potencijal za svetošću. Kakva je šteta potratiti darove od Boga na taj način!

Bog neprestano dijeli svoje darove besplatno, ali gdje su oni koji će ih primiti i prihvatiti? Zamislimo da lutamo u pustinji bez vode, mučeni užasnom žeđi. U toj pustinji postoji izvor, ali ne znamo za njega. Nismo ni znali da može postajati. Ipak, taj nam je izvor blizu. Taj je izvor netko iskopao, prema tome, taj netko zna gdje se nalazi i kako djeluje. Ta osoba nam ne kaže: "Izvor je tamo; pij iz njega, besplatno je!" Tako umremo od žeđi, samo nekoliko metara od izvora!

Isus je liječio bolesne, oslobađao opsjednute, vratio dostojanstvo ljudima koji su imali nisko samopouzdanje, udijelio je grešnicima put pronalaska stanja milosti i pomirio ih je sa Ocem. Sve je to bilo zaista lijepo, ali postoji druga važna stvar: Isus je navijestio Radosnu vijest siromasima, hraneći duše svojom riječju i poučavajući sve tu Riječ koja prosvjetljuje i daje život. Ljudi koji su ga čuli znaju to dobro: *"Ta učio ih kao onaj koji ima vlast, a ne kao njihovi pismoznanci."* (Mt 7, 29) Dakle, to je ista riječ koja je stvorila svijet!

Evo jedna anegdota koja se priča u Međugorju te stavlja u perspektivu autentičnu činjenicu. U razdoblju turskog vladanja (četiri i pol stoljeća) u bivšoj Jugoslaviji, kada je uslijedio komunizam, vlada je prijetila kršćanima i naredila im da donesu svoje Biblije na gradski trg kako bi ih spalili. Mnogi ljudi su ih sakrili u podrum, a većina je zakopala Bibliju. S vremena na vrijeme, pridružili su se jedni drugima na svečanosti uz svijeće. Potom su oni koji su znali čitati uzeli Bibliju i drugima je čitali satima. Na taj način su njegovali istinu u neprijateljskom okruženju: pijući od žive vode Riječi koja je bila njihova radost, ponos i snaga za vrijeme progonstva, jednom riječju njihov život. Kada je sastanak bio gotov, ponovno su sakrili Bibliju koju bi kasnije opet koristili.

Godine 1981. kada se Gospa ukazala usred komunističkog režima, što im je rekla? "Draga djeco, pozivam vam da svaki dan čitate Bibliju i da je stavite na vidljivo mjesto u svome domu. Tako, kada vas netko posjeti, moći ćete pročitati zajedno jedan odjeljak." (18. LISTOPADA 1984.) Na vidljivo mjesto? Nakon svega što se dogodilo? Učinili su što je tražila iz ljubavi prema njoj i nisu ispaštali posljedice: Kraljica mira štitila ih je!

Gospa se nekoliko puta ukazala ocu Jozi Zovku koji je bio župnik u Međugorju kada su ukazanja počela. Pet puta mu se ukazala sa suzama, govoreći s dubokom tugom: "Zaboravili ste Bibliju!" Otac Jozo je rekao preciznije: "Plakala je s više tuge nego majka koja je izgubila sina. Kada zaboravimo Bibliju, zaboravimo Isusa, njezinoga Sina koji je živa Riječ." Upravo je to središnja točka Marijine škole u Međugorju: staviti otvorenu Bibliju na vidljivo mjesto u našim domovima, svaki dan pročitati nekoliko redaka te ih ostvariti u životu.

Danas, Bog još uvijek poziva veliki broj svoje djece kako bi prenijeli njegovu Riječ. Promatrajući današnji svijet, netko možda vjeruje kako nas više ne poziva kao prije. To je pogrešno! Naravno, prije nekoliko desetljeća seminari su bili puni te su župe imale mnoge svećenike koji su služili ljudima, a sada, pastira je malo, a oni koji su ostali preopterećeni su. Ipak, u stvarnosti Bog i dalje poziva: poziva u skladu s potrebama svoje djece. No, oni koji danas prime ovaj poziv nisu ga uvijek u stanju čuti. Zaglušenost svijeta, materijalizam, navezanost i robovanje materijalnim dobrima, snažne zemaljske distrakcije i vrijeme posvećeno nepotrebnim stvarima, prigušuju Gospodinov glas i on postaje mekani šapat koji je teško čuti.

Sveta Faustina piše u svome dnevniku:
"Šutnja je mač u duhovnoj borbi. Brbljava duša nikada neće postići svetost." (Dn § 477)
"Šutljiva duša je snažna: ako ustraje u šutnji, nikakva protivština neće je dotaknuti. Šutljiva duša je sposobna sebe ujediniti s Bogom na najdublji način, gotovo uvijek živi po nadahnuću Duha Svetoga. U tihoj duši Bog djeluje bez ikakve prepreke." (Dn § 477)

Gospa nas upozorava preko Mirjane:
"Djeco moja! Opet vas majčinski molim da se na trenutak zaustavite i razmislite o sebi i o prolaznosti ovoga svoga zemaljskog života. Zatim razmislite o vječnosti i vječnom blaženstvu. Što vi želite, kojim putem želite poći?" (2. SRPNJA 2012.)

Ovo su pitanja koja nas pita naša nebeska Majka vidjevši nas tako zauzete u mnogim prolaznim stvarima! Što želimo? Za čime čeznemo? Gdje idemo?

"Danas više nego ikada," kaže Marija, „Sotona je jak i želi vas uništiti i prevariti na mnogo načina. (25. RUJNA 1990.) Govori nam kao majka, zabrinuta kada vidi svoju djecu kako traže sreću upravo tamo gdje se gubi! Njezino majčinsko srce ispunjeno je dubokim suosjećanjem.

Zamislimo koliku samilost Isus osjeća prema ljudima našega vremena! Idu u kina, prate nogometne utakmice, stoje u redovima u trgovačkim centrima. Imaju vremena za sve, osim povlačenja u tiho mjesto i slušanje pastirovog glasa koji može dati odmor njihovim dušama o kojem sanjaju! Isus nas čuva, što god radili. Što se događa u njegovom srcu pastira? Kroz što prolazi? Danas je nedjelja i moja djeca ne idu na misu gdje ih čekam s toliko želje da ih utješim! Ako

Srce Pastira

ne ja, Bog, tko će ispuniti prazninu u njihovim ranjenim i žednim srcima, tko će to učiniti? Ne primaju Kruh Života te čak i ne znaju da ih čekam u crkvi!

Da, Bog nas poziva, ali postali smo gluhi. Poziva nas, ali bojimo se tišine kada nam Bog govori u srcu jer je lakše zavaravati se s glazbom i bukom svijeta koja nam pomaže zaboraviti prazninu koja nas proganja danju i noću! Iz lijenosti pijemo mlaku i zatrovanu vodu iz medija i prolazimo pokraj Isusa koji nam daje vodu života.

Tko će ustati kako bi dao vode ovim mladim ljudima koji više ne znaju koga pratiti ili kamo ići? Mnogi od njih ne znaju zašto su rođeni i koji je smisao njihovog života! Tko će ustati za njih, usred naše kulture smrti, kako bi uzviknuo izmučenim i napuštenim dušama gdje i kako pronaći put koji vodi u nebo? Tko će ustati kako bi navijestio Riječ Božju koja daje život?

Još i danas Isusovo krvavo srce ima ispred sebe neizmjernu, veličanstvenu žetvu! Njegovo srce pastira više nego ikada preplavljeno je suosjećanjem koje želi izliti na svakoga od nas. Brate moj, sestro moja, ustani, preklinjem te, ustani! Zašto želiš iskoristiti samo 10% svoga kapaciteta za ljubavlju? Zašto potratiti vrijeme na besmislene stvari kada bi mogao donijeti Božju riječ svima koji žeđaju za njom? Moj predragi prijatelj, Isus, poziva te. Treba te.

U ovoj desetici krunice pokušaj slušati Boga jer ima poziv koji je specifičan za svakoga od njegove djece. Ove večeri, u tišini svoje sobe, reci Isusu: " Evo me Isuse, što mogu učiniti kako bih ti pomogla brinuti se za tvoje ovce? Želim surađivati s tobom, Isuse! Što mogu učiniti za tebe?"

PETO OTAJSTVO SAMILOSTI

Slijepci iz Jerihona

U ovom petom otajstvu suosjećanja, nastavljamo sa Isusom prohodnim putevima Judeje. Prati ga mnoštvo puno problema, bolesti i jada svake vrste (Mt 20,29-34). Svatko od njih želi primiti riječ utjehe, blagi pogled ili blagoslov. Uostalom, kako govore, dovoljno ga je samo dotaknuti! Već je priznati čudotvorac, prati ga njegova reputacija i svaka osoba hrani ludu nadu da će ovaj veliki prorok pogledati na njegovu bolest i izliječiti ga. Bolesni, opsjednuti, slijepci i hromi u stanju su iščekivanja.

Vidimo Isusa kako izlazi iz Jerihona, a dva slijepca sjede na cesti vapijući mu: *"Gospodine, smiluj nam se, Sine Davidov!"* No mnoštvu se ne sviđa njihova vika te su ih ušutkivali. Slijepci su počeli još glasnije vikati: *"Gospodine, smiluj nam se, Sine Davidov!"* Dobili su životnu priliku. Kako bi se mogli suzdržati? Isus se zaustavi, dozvao ih je te im je rekao: *"Što hoćete da vam učinim?"* (Mt 20,32) Kako prekrasno Isusovo pitanje!

Što bi odgovorio da te Bog pita isto pitanje? Koja bi bila tvoja najveća želja? Gospa nas je pitala isto pitanje: "Što želiš? Kamo želiš ići?" Probadajući vapaji slijepca dotaknuli su Isusovo srce. Zar On nije došao kako bi slijepi mogli vidjeti?

Zar nije On sam bio svjetlost svijeta? Isus je bio ispunjen samilošću jer je vidio kako ih je ponizila njihova nemoć. Ne samo to, slijepi i hromi u to vrijeme nisu imali pravo ući u jeruzalemski hram kako bi se klanjali Bogu. Taj zakon seže još od Davida. Razumljivo, ovi slijepci su sada zazivali Isusa kao Sina Davidova! Isus, dotaknut njihovom molbom, ispunio je njihov zahtjev te im je s tim činom vratio život te, još važnije, povratio im je osnovno dostojanstvo vjernika: od sada su se mogli klanjati Bogu u hramu!

Ova nas epizoda podsjeća na iscjeljenje Malhosa, sluge velikoga svećenika, događaj koji se dogodio u Maslinskom vrtu kada je Isus bio uhićen (usp. Iv 18,10). Kada mu je Šimun Petar odsijekao uho, postao je nemoćan te bi bio nesposoban zadržati svoj posao kod velikog svećenika. Kao posljedica toga, ne bi mogao uzdržavati svoju obitelj. Isus je to znao te ga je na mjestu izliječio.

Kada Isus podari fizičko iscjeljenje, to je uvijek više od onoga što vidimo jer dodiruje dušu i dostojanstvo osobe te udijeljuje i duhovno iscjeljenje. Kako bi ovaj sluga velikoga svećenika, koji je bio iscjeljen, još uvijek mogao biti Isusov neprijatelj? Također možemo zamisliti što je razmišljao veliki svećenik kada mu je sluga ispričao kako je čudesno iscjeljen.

U slučaju s dva slijepca, kao i s Malhosom, Isus je izveo dvostruko čudo: liječi njihova tijela te im vraća ljudsko dostojanstvo. Čini prvo kroz iscjeljenje siromaha koji vjeruju u njega te čini drugo za neprijatelja koji ga dolazi uhititi. Njegova se samilost proteže na svaku osobu! Mnogo moramo učiti od njega!

Vratimo se sada dvojici slijepaca. Isus osjeća suosjećanje prema svakoj osobi u mnoštvu. Zašto je onda izliječio samo dvojicu? To je tajna koja pripada samo Bogu; mi možemo

Slijepci iz Jerihona

samo kleknuti i klanjati se njegovoj volji. Mislim o pitanjima koja se pitaju mnogi vjernici, na primjer: zašto je izliječio tu šesdesetogodišnju ženu od raka, a nije izliječio njezinog četverogodišnjeg unuka?

Isus ne vidi stvari kako ih mi vidimo. Nebeski Otac je poslao svoga Sina u svijet kako bi spasio svijet za cijelu vječnost. Što bi mu služilo ako iscijeli naša tijela, ali propadnemo u paklu za svu vječnost? Vidjelica Marija Pavlović rekla mi je: "Blažena Djevica je žalosna kada vidi da neki ljudi dolaze u Međugorje kako bi tražili fizičko ozdravljenje, a potom nastave živjeti u stanju smrtnoga grijeha." Gospa potvrđuje: "Ne, draga djeco, to nije ispravno jer je zdravlje duše puno važnije od zdravlja tijela! Morate se prvo odreći grijeha i napraviti dobru ispovijed. Bilo bi puno više izlječenja kada bi se svi odrekli grijeha!"

U Međugorju vidimo kako se mnogi ljudi odriču grijeha i svjedoče o svome ozdravljenju kada izađu iz ispovjedaonice. Kada se slijepcima vrati vid, slijede Isusa. Zaista je udario dvije muhe jednim udarcem: izliječio je njihovu sljepoću i učinio ih je učenicima. Za njega je važnije učiniti ih učenicima nego njihovo fizičko zdravlje.

Ipak, često svjedočim tužnoj stvarnosti: neki ljudi ne vole križ te ga odbacuju. Neki bolesni ljudi imaju tako snažnu želju za ozdravljenjem da su spremni prodati dušu, riskirajući vječno spasenje komunicirajući s lažnim iscjeliteljima ili vračarima. Zavaravaju se kucajući na pogrešna vrata te troše ogromne količine novca kako bi dobili lijek pod svaku cijenu na propast svoje duše. Na primjer, odabiru seanse rejkija koje se sve više i više nude bolesnima, a ne uzimaju u obzir kako su sebi dopustili da budu prevareni suptilnom laži, užasom! Vjeruju kako su pronašli lijek, ali to je samo iluzija jer majstori rejkija zazivaju demone kako bi liječili bolesne. Rezultat je da ne naprave ništa već samo premjeste bolest na drugi dio tijela ili psihe, a naivna žrtva osjeća kako joj se tjeskoba povećava. Ta osoba ne želi više moliti, više ne podnosi svoga supružnika, želi umrijeti te čak ima želju za samoubojstvom. To je zato što je sotonin cilj uništiti nas. Često susrećemo žrtve reikija u Međugorju!

Kada od Isusa tražimo uslugu da učini fizičko ili unutarnje ozdravljenje, važno je shvatiti Božji plan za nas i biti spremni prihvatiti ga. Blažena Djevica je rekla:

"Draga djeco, kada molite, ponavljate: "Izliječi me! Izliječi me!" Ne, draga djeco, nemojte tako moliti jer se usredotočite na svoj problem i niste otvoreni Bogu. Umjesto toga, recite: "Gospodine, neka se u meni ispuni tvoja volja!" Tada će Gospodin moći učiniti fizičko ozdravljenje ili oslobođenje. Zna što treba učiniti." (Poruka preko Vicke)

Dana 23. lipnja 1985., vidjelica s unutarnjim lokucijama, Jelena Vasilj, voditeljica molitvene grupe u Međugorju, primila je ovu molitvu od Gospe koja joj je rekla da je ovo najbolja molitva za bolesnu osobu:

MOLITVA ZA BOLESNU OSOBU

O moj Bože, osoba koja je bolesna pred tobom je. Došao te moliti za ispunjenje svoje želje i za ono što je njemu najvažnije. O moj Bože, neka uđu ove riječi u njegovo srce: "Ono što je važno jest zdravlje duše." Gospodine, neka mu u svemu bude kako je tvoja volja! Ako želiš da bude izliječen, neka mu bude darovano zdravlje. No ako je tvoja volja drugačija, neka nastavi nositi svoj križ. Molim te i za nas koji molimo za njega, da očistiš naša srca i učiniš nas dostojnima prenošenja tvoga milosrđa. O moj Bože, zaštiti ga i olakšaj njegovu patnju kako bi se u njemu ispunila tvoja sveta volja, da se kroz njega otkrije tvoje sveto ime. Pomozi mu hrabro nositi svoj križ!

Na kraju, mogli bismo izmoliti *Slava Ocu* tri puta.

Prije nego što ćemo izmoliti ovu deseticu, umjesto da se usredotočimo na našu vlastitu bolest ili bolest voljene osobe, pogledajmo u Isusovo srce koje uvijek želi ono što je najbolje za nas; vidimo u njegovom nježnom pogledu neizmjerno suosjećanje koje osjeća prema svakome od nas. Ako upita: *"Što želiš da učinim za tebe?"*, donesimo pravu odluku! Nemojmo izabrati varljivu sreću, nego onu koja počinje ovdje na zemlji te traje svu vječnost!

Otajstva Milosrđa

Sada se nalazimo pred sjajem Božjeg milosrđa! *"Blago milosrdnima: oni će zadobiti milosrđe!"*, kaže Isus (Mt 5,7). Blaženstva otkrivaju pravi identitet našega Spasitelja; pregledavaju njegovu dušu poput skenera. Kroz njih se otkriva svaki dio njegove osobnosti i pokazuje osam razloga zašto je sretan: siromašan je u duhu, krotak, nevoljan, gladan i žedan pravde, milosrdan; čist srcem, mirotvorac, trpi progonstvo zbog pravde te je ukoren i klevetan... Šesto blaženstvo, milosrđe, dušu nam je potreslo te bi nas čak moglo preplašiti. To je kao da nam uvijek iznova govori: "Ako ne pokažeš da si milosrdan prema onima koji su te ranili, nećeš zadobiti milosrđe i nećeš doći u raj." Ali Isus nas nije došao zastrašiti. Naprotiv, pokazuje nam put do spasenja! Sotona se strašno boji milosrđa tako da je ovo sredstvo—milosrđe—od neizmjerne važnosti, zapravo neophodno jer je to jedini način kako bismo konačno pobjedili ovog okrutnog neprijatelja i njegov plan smrti za nas. Kako možemo postati milosrdni? Najprije tako da ga žarko priželjkujemo! Potom, promatrajući očima srca Onoga koji je samo Milosrđe, „U njega gledajte i razveselite se, da se ne postide lica vaša." (Ps 34,6)

Ovih pet otajstava milosrđa pomoći će nam kako bi krenuli novim putem u dubine Božjega srca. Postanimo istraživači! Svako otajstvo ima blago koje trebamo otkriti, razumjeti i integrirati u naš život. Isusov san je podariti nam ova blaga i čezne za time da ih primimo. Žarko želi da naše duše odražavaju njegovo milosrđe! On će nam to priopćiti tako da mu nalikujemo. To je slava svetaca!

U ovim otajstvima, divit ćemo se kada otkrijemo da je njegov najveći atribut: milosrđe. No, pogledajmo zajedno značenje hebrejske riječi, one koja se koristi u Bibliji radije nego etimologiju latinske riječi *misericordia*. Hebrejski izraz nam omogućava da razumijemo duboki koncept milosrđa koji je Bog dao svome narodu.

Na hebrejskom milosrđe je *rahamim*, množina riječi *rehem*, što znači „majčinska utroba" ili maternica. Dakle, označava najintimniji anatomski dio žene koji je ujedni i najljepši jer tu započinje život te se dijete oblikuje tijekom 9 mjeseci trudnoće. To je mjesto neizmjerno dragocjeno u očima Stvoritelja, vrsta tabernakula u kojem surađuje s nama u stvaranju iskre života. Sada, kada Bog želi objasniti svoje milosrđe, koristi ovu riječ, ali u množini *rahamim*. Naravno, to ne znači da Bog ima nekoliko utroba, već koristi množinu kako bi naglasio intenzitet.

PRVO OTAJSTVO MILOSRĐA

Razmetni sin

Počnimo s prispodobom o izgubljenom sinu u kojoj nam Isus daje predivnu sliku nebeskog Oca (usp. Lk 15,11-31) Sin zahtijeva svoju neovisnost, uzima stvari, novac, nasljedstvo i napušta Očev dom gdje je rođen. U tom trenutku nesvjesne sljepoće, ovaj mladić je uvjeren kako će mu neovisnost donijeti veliku sreću, ali to je zamka koju je Zli smjestio i on je upao u nju. Očevo srce je ranjeno i krvari. Zna da je njegov sin žrtva velike varke, da želi slijediti svoje hirove daleko od očevih brižnih očiju. Želi slobodu i neovisnost te u svojoj naivnosti nesvjesan je kako će ga njegov izbor učiniti robom njegove izopačene i slijepe prirode. Osudio je sebe na potpunu propast. Bankrotirat će, bit će ponižen i umirat će od gladi. Bit će prisiljen postati čuvar svinja—situacija koja nije košer! To je takvo poniženje za Židova!

Koji je ovdje problem? Zašto tako jadan završetak? Ovaj je sin odlučio biti slobodni elektron, diskonektirani satelit; traži ispunjenje daleko od prisutnosti oca jer nije shvatio kako uz oca ima sve, a najvažnije ljubav i sve obzore koje ljubav daje. Postaje siroče onoga trenutka kada se odvaja od svakoga iz kuće. Kakav kontrast između sinovljeve hladne odluke za odlazak i neizmjerne nježnosti oca koji, sa slomljenim srcem, promatra sina kako putuje daleko, ali pazi na njega svaki dan dok promatra horizont!

Isto je s nama. Što se više približavamo Presvetome Trojstvu, više se povećava naše zajedništvo s tri božanske osobe. S druge strane, što se više udaljimo od ove tri osobe, više gubimo mir i postajemo slobodni elektroni koji su u potpunosti odvojeni od Boga. Bogorodica nas uči kako naš nedostatak mira potječe od udaljavanja od Boga. Udaljenost koja nas odvaja je najdraža i neprijateljev teritorij gdje može djelovati protiv nas u potpunom miru. Suprotno tome, naše zajedništvo s Bog lišava ga njegovog terena za djelovanje!

Kako Bog reagira na ovo? Daje nam slobodu izabrati je li ga želimo prihvatiti ili odbiti: Sin je taj koji odlučuje udaljiti se od oca, a ne suprotno. U očevom srcu, mjesto koje je nekada zauzimao njegov sin ostaje prazno. To stvara jednu od najbolnijih praznina. Otac čeka svaki dan na svoga preljubljenoga sina te kao stražar nada se da će se sin vratiti kako bi ispunio prazno mjesto u njegovome srcu. Naravno, otac bi mogao biti ogorčen i misliti: „On je taj koji je htio otići odavde. Gore za njega! Neka živi svoj život, neću više misliti na njega!" Nikako! Otac čeka svoga sina i nastavlja ga čekati svaki dan pokraj ceste. To je božansko milosrđe, dubina majčinske utrobe. To je netko tko ne može podnijeti da vidi svoje dijete kako odlazi znajući vrlo dobro da, ako ode daleko, sve će izgubiti: sreću, mir, radost, zajedništvo, život! Božje milosrđe je kao duboka majčinska ljubav. Svaka majka može to razumjeti!

Vidjeli smo da je sin postao čuvar svinja i da je patio zbog gladi, ali . . . što je mislio u tim teškim trenucima? „Bilo mi je bolje u očevoj kući." Tada odlučuje vratiti se kući, ne zbog ljubavi prema ocu, nego jer je bio gladan. Zaista trebamo prepoznati stvarnost njegove motivacije! Ipak, na kraju svega, došao je k sebi i vraća se . . .

Kako reagira otac kada ga uoči iz daljine? Trči prema njemu! Toplo ga dočekuje i srdačno ga grli. Ovaj razmetni sin smrdi jer čovjek koji proputuje toliko kilometara nakon što je živio sa svinjama, zasigurno ne miriše na ruže! Ali njegov otac uopće ne misli o tome. Što mu to znači? Njegov se sin vratio. To je čudo! Čak mu ne daje vremena kako bi završio svoju ispovijest. Grli ga s toliko nježnosti i izvanredne radosti! To je tako prekrasno! Njegovo očinsko srce preplavljeno je ljubavlju! Odmah daje zapovijedi slugama da pripreme gozbu: *„Tele ugojeno dovedite i zakoljite pa da se pogostimo i proveselimo."* (Lk 15,23)

Mislim na dan kada je sestra Faustina počinila grijeh. Veoma se toga sramila, iskusila je duboko kajanje te se ponizila pred Bogom. No, Isus joj je pomogao shvatiti kako ponižavajući sebe na takav način, dobila je više milosti za svoju dušu nego da nije počinila taj grijeh.

Bog je tako dobar da uzima naš grijeh i, ako mu se vratimo, umjesto da nas osudi i potjera, preobražava grijeh u nešto pozitivno. Grijeh je loš, loše miriše. No, kada se netko pokaje iz ljubavi prema Isusu, preobražava taj grijeh u parfem kao što je nebeski Otac rekao svetoj Katarini Sijenskoj *(Razgovori).*

Sveta Mariam iz Betlehema* daje nam prekrasnu usporedbu za koju se dobro držati jer je izvor ozdravljenja za uznemirenu dušu. „U nebu su najljepša stabla ona koja imaju najviše grijeha. To je zato što koriste svoju bijedu kao gnoj i stavljaju ga u podnožje stabla."

Grešnik razumije da Bog može promijeniti njegov grijeh

---

* Pogledati: s. Emmanuel MAILLARD, *Mariam iz Betlehema, glasnica Duha Svetoga*, Izdavač: Stella Maris, 2012.

u nešto vrijedno. Ostavlja svoj grijeh podno stabla, na isti način kao što ostavlja gnoj kako bi obogatio zemlju i dopustio stablu da urodi prekrasnim plodovima.

U ovoj desetici krunice, dopustimo Ocu nebeskom da nas zagrli ne razmišljajući o svim našim pogreškama! Koliko god naš grijeh bio ozbiljan, bacimo ga u Božje plamteće srce: Otac nas čeka!

DRUGO OTAJSTVO MILOSRĐA

Isus i Samarijanka

U ovom otajstvu milosrđa, zaustavljamo se u Samariji. Isus se zaustavio kod Jakovljeva zdenca kada je bila otprilike šesta ura, najtoplije vrijeme dana te je ugledao jednu ženu. Dobro ju je poznavao, znao je da se radi o izgubljenoj ovci jer Isus ima spoznaju srca. Započinje razgovor s njom jer je želi spasiti. (USP. Iv 4, 1-30)

Zna da je ta žena imala pet muževa i da sada živi s drugim muškarcem. Pokušala je pronaći ljubav nekoliko puta mijenjajući partnera. Uzalud! Njezina žeđ za ljubavlju i da bude ljubljena, njezina želja za pronalaskom trajne ljubavi postala je otvorena rana. Ta žena bi mogla umrijeti od žeđi, pogubne žeđi nikada pronađene ljubavi. Isus započinje razgovor s jednom molbom: „Daj mi piti!" Predivan uvod! Čineći tako, izražavajući joj svoju vlastitu žeđ, Isus joj postaje sličan i pridružuje joj se u svom temeljnom problemu. Zaista, Isus žeđa za spasenjem svake izgubljene ovce, a ona je s druge strane žedna ljubavi. Njih dvoje su stvoreni jedno za drugo!

Ali žena ne razumije da Isus govori o žeđi srca, ona ne može ni zamisliti da drhti od suosjećanja prema njoj jer ona misli da je njezin život totalni neuspjeh i beznađe. Zaista, izgubila je svoj ugled kao i vlastito samopoštovanje. Kakva bi je još budućnost mogla zadesiti? Je li još postoji put sreće za nju? Zar nije već odigrala sve svoje karte? Vidjevši patnju te žene, Isus gori od neizmjerne želje da je vrati u njezino čudesno zvanje žene te joj povrati izvornu ljepotu. Želi je izvući iz groba očaja koji je drži zarobljenom te joj povratiti njezin prekrasni identitet žene stvorene za ljubav i plodnost.

Isus je ovoj ženi dao shvatiti, kako bi konačno utažila svoju žeđ za ljubavlju, treba prekinuti s povećavanjem emocionalnih veza te započeti klanjati se Bogu. Da, klanjati se! Isus je ne osuđuje. Naprotiv, otkriva joj kako zadobiti jedinu i istinsku ljubav koja bi mogla ispuniti njezino ljudsko srce. On čini od nje klanjateljicu. Žena više neće biti zatvorenica svojih loših izbora te od sada više neće tražiti sreću tamo gdje se gubi. Upravo u štovanju istinskog Boga teče rijeka žive vode koja navodnjava sav njezin put. Osim toga, Isus joj objašnjava da ako pije vodu koja izvire iz njegovoga srca, više neće biti žedna: „A tko bude pio vode koju ću mu ja dati, ne, neće ožednjeti nikada: voda koju ću mu ja dati postat će u njemu izvorom vode koja struji u život vječni." (Iv 4,14)

To se odnosi i na nas koji smo često nemirni, prazni, tužni, razočarani . . . Kada se klanjamo Isusu u Presvetom Sakramentu, ali i kada se klanjamo Bogu u duhu i istini u prirodi, natopljeni smo obilnom rijekom koja se prelijeva iz Isusovog srca te smo naposljetku ispunjeni, zadovoljni, nasićeni tom Ljubavlju kojoj težimo iz dubine našega bića.

To je čudo Božjeg milosrđa koje preobražava osobe ili, još više, pomaže im postati one same, ponovno pronaći svoj istinski identitet Božjih stvorenja. Božje milosrđe nam otkriva tko smo.

Ovu ženu, koju su prezirali svi stanovnici sela, Isus je preobrazio u klanjateljicu i evangelizatoricu. Evo kako se ostvaruje

Isus i Samarijanka

njezin poziv na plodnost! I to kakvu plodnost! Bog ju je izabrao kako bi donijela spasenje svom cijelom selu, ona koja je bila najprezrenija od svih! Takvo je Božje milosrđe: najmanji u očima ljudi, onaj kojeg nitko ne bi izabrao, postaje izabranik. Zahvaljujući njoj, cijelo selo ga prepoznaje i vjeruje u Isusa! Isus ju je oslobodio od srama koji je bio prepreka da postane nova osoba, nositeljica istinske svjetlosti drugima. Prema tome, radost što je postala Božji instrument liječi njezine rane.

U ovoj desetici krunice, dok promatramo Isusovo srce koje izlijeva živu vodu za nas, prepustimo mu sve svoje frustracije, naše emocionalne neuspjehe, neostvarene želje . . . Otvorimo se njemu! Zar nismo svi žedni? Isus stoji pred nama, spreman nam se u potpunosti predati. Sada, pijmo iz njegovoga srca!

TREĆE OTAJSTVO MILOSRĐA

Isus i preljubnica

Treće otajstvo milosrđa poziva nas da prisutstvujemo jednom vrlo dirljivom prizoru. U Jeruzalemu je jutro. Isus je sišao s Maslinske gore gdje je proveo noć u molitvi, i kao svakoga dana, podučava u hramu okružen mnoštvom koje čeznutljivo sluša njegove riječi. Farizeji i pismoznanci mu dovode ženu uhvaćenu u činu preljuba te je dovuku ispred njega, dakle ispred svih! Kakav nedostatak poštovanja s njihove strane! Koliko poniženje za nju! Ali zašto se tako ponašaju? Zasigurno im nije namjera pobrinuti se za tu ženu i njezinu dušu, nažalost, to se čini kao njihova posljednja briga. Njihov je cilj zapravo uhvatiti Isusa i koriste se tom ženom nadajući se kako će ona postati dokaz za optužbu. Primjećuju kako Isus voli grešnike i kako ih želi dovesti k sebi zbog istinskoga pokajanja. Poriču njegovo poslanje Spasitelja jer ih ljubomora zasljepljuje i spriječava da se slože s njime!

Smislili su gotovo savršen plan protiv Isusa kako bi ga uklonili. S jedne strane, žele ga izazvati do ključne točke njegove misije: dovesti Bogu izgubljene ovce Doma Izraelova; s druge strane, žele ga suočiti s Mojsijevim zakonom koji je nepromjenjiv i nalaže kamenovanje te žene. Prema tome, Isus ne može prekršiti što piše u Svetome pismu. Vrlo lukavo s njihove strane! Sigurni kako će ga uhvatiti u zamku, upitaju ga: „Učitelju! Ova je žena zatečena u samom preljubu. U Zakonu nam je Mojsije naredio takve kamenovati. Što ti na to kažeš?" (Iv 8,4-5)

Isus, Riječ Božja, reagira na iznenađujuć način, šuti! Ali počinje pisati po tlu. Pismoznanci i farizeji čekali su na jednu njegovu riječ, zbunjeni su te čak i razdraženi. Uporni su s pitanjem. Potom Isus podiže pogled i kaže im: „Tko je od vas bez grijeha, neka prvi na nju baci kamen!" Ostaju bez riječi, prenaraženi i nitko se ne miče. Isus, ponovno spuštajući pogled, mirno nastavlja pisati prstom po tlu. Što je mogao pisati? Znatiželjni saznati što piše, prilaze mu ti stručnjaci Tore, jedan po jedan, zbunjeni.

Znamo da je Isus Bog i zna temeljito promatrati čovjekovo srce. Kako ga ti, takozvani učitelji, još uvijek nisu shvatili? Isus čeka u tišini, spuštenog pogleda kako ne bi osramotio grešnicu. Upravo je na zemlji napisao najteži grijeh prvoga među njima koji mu se približava. On čita svoj grijeh i boji se! Sada je njegov grijeh poznat, napisan riječima! „Ali tko je dakle taj čovjek koji tako dobro poznaje moj život?", govori sebi. A ako ga drugi otkriju?

Posramljen i u strahu, napušta to mjesto. No Isus, vidjevši kako dolaze drugi znatiželjnici, ne želi da ostali vide grijeh prvoga. On ne slijedi primjer farizeja, onih koji su zadovoljno prokazivali javnosti grijeh te žene. U tom trenutku sjaji njegovo božansko milosrđe. Iz njegove ruke Stvoritelja i Spasitelja briše grijeh ovog čovjeka. Nestao je, gotov je, izbrisan je s mape! Evo Jaganjca Božjega koji oduzima grijehe svijeta! Jedan drugi farizej mu prilazi, ali nije mogao vidjeti grijeh svoga brata. Ispovjedna tajna!

Isus i preljubnica

Kolika je Isusova nježnost prema grešniku! Ne želi osramotiti grešnika, nikome ne otkriva njegov grijeh. Zato na vjerodostojnoj slici milosrdnog Isusa od svete Faustine, Isus ima spušten pogled. Slika koja je najviše proširena, nažalost, ne pokazuje ono što je svetica zapisala.

Zastanimo na trenutak i promotrimo u Isusovom ponašanju blagost njegove ljubavi prema grešniku. Želi opravdati čak i onoga koji se raduje optuživanju drugih! Ali i mi sami, zar nismo osjetili određenu radost znajući kako je Isus zapisao njihove grijehe na zemlji? Zar nismo bili u napasti misliti: „Tako je i pravo!" Isus pati zbog svakoga grijeha, krvari u nutrini. Biti sjedinjen s njime znači patiti zbog grijeha drugih, čak i ako se čini kako se ti grešnici ne kaju. Kakvi su postali ti pismoznanci i farizeji? Ne znamo. Jesu li shvatili da im je Isus dao priliku kako bi se popravili i napustili grijeh koji je bio u njima? Jesu li još uvijek mogli predbaciti Isusu za iskazivanje milosrđa?

U evanđelju vidimo te ljude kako odlaze jedan za drugim počevši od najstarijih, onih koji su bez sumnje počinili najviše grijeha. Jednom kada su svi otišli, Isus podiže oči i, vidjevši da je žena još uvijek tamo, on joj kaže: „Ženo!", kao što će s križa reći Majci: „Ženo, evo ti sina!" Po tom imenu koje joj Isus daje, vraća ženi preljubnici prekrasno dostojanstvo stvorenja, žene stvorene šesti dan na sliku Božju. "Ženo, gdje su oni? Zar te nitko ne osudi?" Drhteći od nade, pita se kako će se on koji je tako blag čovjek, ponašati prema njoj. Poznavala je Zakon koji ne oprašta preljubnicama! Odgovara: „Nitko, Gospodine!" „Ni ja te ne osuđujem", kaže joj Isus. Zamislimo koliko je rasterećenje osjećala ta žena! Prelazi sa osude na sigurnu smrt na potpuno oslobođenje. Potpuno? Da, ali od sada, treba prestati kršiti Božje zapovijedi. Jer Isus joj je s autoritetom rekao: „Idi i odsada više nemoj griješiti." (Iv 8,11) Nadamo se kako je shvatila da grijeh vodi u smrt. Zar nije za malo to izbjegla? „Plaća grijeha je smrt," govori nam sveti Pavao, ali Božji dar je vječni život." (Rim 6,23)

Jako je lijepo vidjeti kako je Isusovo Srce, kao što može biti naše u tom trenutku, blizu žene žrtve tog zlobnog licemjerja. Oslobađa je od opasnosti kamenovanja, poziva je kako bi ponovno pronašla stanje milosti i promijenila svoj život. Ipak, ono što nas još više iznenađuje jest što Isusovo srce gleda i one koji su se smatrali pravednima brišući njihov grijeh svojom rukom. Svima im je oprošteno, eto zašto idu bez riječi, spuštenog pogleda u tišini zbog tog apsolutno neočekivanog milosrđa. Nisu spremni zaboraviti tog Isusa iz Nazareta i njegova iznenađenja. *

Htjela bih podcrtati jednu stvar: mi smo prvaci u ogovaranju jer čim vidimo ili saznamo da je netko sagriješio, odmah raširimo glasinu i još više ogovaramo uništavajući tako dobar glas svoje braće. Vezano uz to, evo jedne anegdote svetog Filipa Nerija, sveca koji je imao srce za grešnike. Jednog dana došla je žena kako bi se ispovijedila te, između ostalog, priznala mu je da je ogovarala. Sada, umjesto da joj je odmah dao odrješenje, Filip Neri joj je rekao: „ Idi na tržnicu, kupi kokoš i donesi mi je." Poslušala ga je. Filip Neri joj je zatim rekao: „Sada, vrati se na tržnicu i očerupaj kokoš." I ona je tako napravila. Nakon što je očerupala kokoš, ponovno je došla vidjeti Filipa Nerija te, sva zadovoljna, rekla mu je: „Evo, učinila sam što ste od mene tražili." On joj je odgovorio: „Kćeri moja, vrati se na tržnicu i skupi svo perje

---

* Prema viziji Marthe Robin koju je ispričao otac Finet, njezin ispovjednik, za vrijeme njegovih duhovnik obnova.

Isus i preljubnica

koje si počupala s kokoši." No ona mu uznemirena odgovori: „Ali to je nemoguće, kako je vjetar puhao, perje je svugdje odletjelo, ne mogu ga skupiti!" Potom joj je svetac objasnio: „Naravno! Sada shvaćaš što si učinila: ružna riječ izgovorena o nekome više se ne može poništiti. Ona je izvan kontrole, nastavlja se širiti i svugdje činiti svoje djelo uništenja." Tada je žena, iskreno raskajana, napokon dobila odrješenje.

Vratimo se na trenutak na ženu preljubnicu koja je prekršila bitnu Božju zapovijed. U svojoj velikoj dobroti, posredovanjem Mojsija, Bog nam je dao deset zapovijedi kako bi nam pomogao raspoznati između dobra koje daje život i zla koje donosi smrt te nas poziva da ih izvršavamo.

„Drži njegove zakone i njegove zapovijedi koje ti dajem danas da dobro bude tebi i tvojoj djeci poslije tebe; da dugo poživiš na zemlji koju ti Jahve, Bog tvoj, daje zauvijek." (Pnz 4,40)

Prokletstvo, ne budete li slušali zapovijedi Jahve, Boga svoga, nego sađete s puta koji vam danas određujem te pođete za drugim bogovima kojih niste poznavali." (Pnz 11,28)

„Sva će te ova prokletstva snalaziti, progoniti i doseći dok te ne unište, jer nisi slušao glasa Jahve, Boga svoga, ni držao zapovijedi njegovih i zakona njegovih koje ti je dao." (Pnz 28,45)

Podrazumijeva se da, ako želimo imati život u sebi, trebamo obdržavati zapovijedi koje nam dolaze od samoga Boga. Dati djeci katekizme koji više ne sadrže deset zapovijedi znači staviti ih u veliku opasnost te se već vide rezultati! Ne primaju neophodni kompas kako bi se usmjerili k Božjem svjetlu usred svijeta koji ih bombardira lažnim svjetlima.

Gospa je jasna što se tiče toga: ako tražimo od nje pomoć, učinimo to na sljedeći način. Ne možemo joj se moliti, a ne držati se Riječi Božje: „Draga djeco, ne mogu vam pomoći ako ne živite Božje zapovijedi, ako ne živite misu, ako se ne klonite grijeha." (25. LISTOPADA 1993.)

Ali budite oprezni! U današnje vrijeme, Zli nam postavlja suptilnu zamku i mnogo naših suvremenika upada u nju! Postoji izvjesni demon koji uživa u svijetu veliki ugled. Zove se: „Svi to rade." Uzmimo za primjer jednu udatu ženu koja ima napast spavati s drugim muškarcem. Primivši kršćansko obrazovanje, zna kako se tu radi o ozbiljnom grijehu koji će uvijediti Gospodina te ako ga počini, više neće moći primati Isusa u pričesti. Osjeća jaku privlačnost prema tom čovjeku, ali također ne želi počiniti teški grijeh. Duh Božji, preko zapovijedi, prosvijetlit će je. No, što će joj reći zao duh? „Budi mirna, svi to čine!" Prema tome, ako svi to čine, to je dobro, zašto ne bih i ja?" U tome je zamka. Oprez, sve što se suprotstavlja Riječi Božjoj je laž! Uzela sam taj toliko aktualan primjer jer s vremenom vidimo toliko tjeskobnih, slomljenih ili čak samoubilačkih osoba zbog tog demona. Iako to svi rade, ja to ne želim raditi, ne želim izdati svoga Gospodina prilagođavajući se svijetu koji me okružuje! Isus nikada nije rekao: „Činite kao i drugi!", on je rekao: „Slijedite me!" To je vrlo drugačiji izbor.

U ovome otajstvu, promatrajmo Isusovo milosrdno srce ranjeno ljudskim grijehom. Ali iz te rane teče rijeka oprosta za sve one koji mu se žele vratiti. Molimo ga svim srcem: „Isuse, ti si veličanstven, ti si sve za mene! Ti si istinska ljubav kojom se želim nasititi, ti si sve što želim u životu! Voliš me do iznemoglosti, nitko me neće voljeti kao što me ti voliš! Ti si me stvorio, udahnuo si mi život, zaštitio si me i spasio, prolio si svoju krv za mene, kome ću ići kako bih dobila tu istinsku sreću, ako ne tebi, Isuse? Sa iskrenom poniznosti, prihvaćam tvoje milosrđe i promatram tvoje srce. Učini moje srce slično tvojem srcu, Isuse, izlij u njega svo obilje svojega milosrđa! Zar nisi ti sam rekao: Blago milosrdnima, oni će zadobiti milosrđe (Mt 5, 7)?"

ČETVRTO OTAJSTVO MILOSRĐA

Isus i dobri razbojnik

U ovom četvrtom otajstvu nalazimo se s Marijom i Ivanom podno Isusovog križa te promatramo našega Spasitelja koji proživljava svoje posljednje minute. Od ključne je važnosti nastaviti promatrati Isusa, to je najbolji stav u svim situacijama. Isus daje svoj život kap po kap u strašnim patnjama. Njegovo desno rame je u potpunosti dislocirano istezanjem koje su izvršili krvnici kako bi mu ruka mogla doprijeti do rupe u drvetu gdje će biti pribijen, njegovo meso je probodeno čavlima i trnovom krunom. Druga dva čovjeka, kriminalca, raspeta su zajedno s njim. S jedne strane, jedan od razbojnika oštro mu govori, buni se i ne prihvaća svoju sudbinu. Napada Isusa dobacujući mu: „Nisi li ti Krist? Spasi sebe i nas!" (Lk 23, 39) Vjerojatno očekuje da će ugledati pravo čudo zbog kojeg će sva trojica sići s križa!

Drugi razbojnik ima potpuno drugačiji stav; ne znajući, stavlja balzam na Isusovo srce te mu daje posljednju utjehu. Kako? Taj čovjek je također zločinac, negativac koji ima dugu povijest pljački i ubojstava; zasigurno se ne radi o anđelu jer kako bi dobio kaznu raspeća, znači da je počinio ozbiljne zločine. Unatoč svome grešnome životu, okreće se prema Isusu i promatra ga. Pogledi im se susreću. Isusov pogled pokazuje veličanstvo usprkos mukama križa i razbojnik polako razumije da je Isus izvanredna osoba, Sin Božji, Kralj Izraela! Unatoč svome grijehu, srce tog zločinca otvoreno je Dobru i Milosti. Isusov pogled koji počiva na njemu stvorio je u njemu jednu vrstu prosvjetljenja savjesti i eto ga već preobraženog. Našavši se blizu smrti, udaljuje se od zla koje je u njemu te je tako ukorio drugog razbojnika: „Zar se ne bojiš Boga ni ti, koji si pod istom osudom?" (Lk 23, 40-41) Tako zločinac postaje Isusov odvjetnik: on je jedina osoba koja je stala na Isusovu stranu za vrijeme njegove muke! Za našega Spasitelja, to je neizmjerna utjeha. Isus upravo predaje svoj život za grešnike, to jest, za mene, za tebe, za sve nas, a tko je pokraj njega? Grešnik kojemu može odmah dati zdravlje! U tom dobrom razbojniku, odmah vidi plod svoje muke. Zasigurno, to je grešnikovo srce, ali grešnik koji ne oklijeva zazvati Boga. Priznajući počinjeno zlo, otvara se milosrđu.

Kada Isus čuje te ponizne i iskrene riječi: „Isuse, sjeti me se kada dođeš u kraljevstvo svoje," pun radosti i divljanja, odmah mu daje ključeve Neba: „Zaista ti kažem: danas ćeš biti sa mnom u raju." (Lk 23, 42-43) Učinio je od tog razbojnika prvog sveca kojega je kanonizirao sam Isus unatoč njegovome strašnome životopisu! Danas ga Crkva časti pod imenom sveti Dizma. To je izvanredno! Isus je toliko sretan jer je pronašao grešnika koji prihvaća njegovu žrtvu, donosi plod Muke i koji ponizno kleči pred njim: „Gospodine, trebam te, ne mogu tamo ići sam, trebam te, sjeti me se!"

Promotrimo na trenutak tu scenu: poniznost tog čovjeka otvara bujice Božjeg milosrđa. Promatrajmo to u duhu: poniznost grešnika koji iskreno priznaje svoj grijeh te se kaje budi u trenutku neizmjernu Božju nježnost koja je uvijek spremna izbrisati čak i najteži grijeh. Zločinac je to iskusio.

Isus i dobri razbojnik

Isusovo srce je vatrena peć koja zapali grijehe i tako nestaju. Ako je sveti Dizma za Crkvu prvi svetac kojega je Isus sam kanonizirao s križa, to je zato kako bi dao nama, posebno onima koji su počinili najgore grijehe, potpuno pouzdanje u neizmjerno Božje milosrđe. „Milosrđe se crpi iz posude pouzdanja." (Dn § 1601), govori Isus svetoj Faustini! Bez tog pouzdanja, kako bismo mu se mogli vratiti bez straha i pitati ga oprost iz svega srca?

Dopustite mi da vam ispričam iskustvo jedne drage prijateljice redovnice koja živi u New Yorku gdje se nalazi najstroža kaznioca u SAD-u. U njoj se nalaze najopasniji zločinci, oni koji su počinili najgore zločine. Ti ljudi jako pate jer su osuđeni na život u uskim ćelijama koje više sliče na zečje kaveze, prazne i bez svjetlosti . . . Nasmrt im je dosadno te s vremenom imaju sve vrste mračnih misli. Jedna vrsta pakla u kojem je smrt jedini izlaz!

Ta sestra se ne boji, posjećuje ih kako bi im donijela utjehu s pomoću anđela naoružana samo s Riječi Božjom i milosrđem. Ugledavši je, iz svojih sićušnih četvrtastih ćelija viču: „Ali što ta dobra sestra dolazi raditi u ovome paklu?!"

Jednoga dana dok je razgovarala s jednim zatvorenikom koji se maglovito sjećao kršćanskih načela koje je naučio u djetinjstvu, rekla mu je: „Znaš, još uvijek možeš primiti Isusovo milosrđe, puno mu značiš! On te voli, zove te, čeka te kako bi ti dao svoj oprost! Idi k njemu, ne oklijevaj!" Šokiran, zatvorenik joj je odgovorio: „Ti se samnom rugaš ili što?! Što mi to govoriš?! Još uvijek mogu biti spašen? Neću ići u pakao?" „Ne, kaže ona, ako iz svega srca pitaš Isusa za oprost, bit će presretan da ti može oprostiti i moći ćeš ići u raj." „Ići u raj, šalite se, odgovori joj on. To je nemoguće, ne znate što sam učinio!" No ona je uporna: „Vjeruj mi, Isus te voli takvoga kakav jesi i želi oprati sve tvoje grijehe. Dovoljno je da mu se samo obratiš s riječima: „Gospodine, oprosti mi!" Evo, to je sve." A on će na to: „To je nevjerojatno!" Kada je posjet završio, redovnica je krenula prema izlazu, ali dok je još bila u tom sumornom hodniku, čula je kako kažnjenik viče drugoj osobi koja je zatvorena u susjednu ćeliju: „Mo! Mo! Znaš li što mi je dobra sestra upravo rekla? Da još uvijek mogu ići u raj! Shvaćaš li, još uvijek to mogu učiniti!" Vičući od radosti, glas mu je odjeknuo kroz cijeli zatvor! Shvatio je kako još uvijek može biti spašen, on, užasan zločinac, i bilo je tako jednostavno: iskreno tražiti oprost od Isusa! Htio je cijelome svijetu prenijeti ovu dobru vijest!

„Kada se grešnik obrati mome milosrđu, čak i ako su mu grijesi crnji od noći, daje mi najveću radost i časti moju muku." (Dn § 377)

„Kada bismo uvidjeli veličinu Isusovog srca i dubinu njegovoga milosrđa, slijepo bismo požurili u njegov zagrljaj. Ta je dubina neizmjerna, prema tome, čega se bojimo? Što nas zadržava? To je naš nedostatak povjerenja u njegovo milosrđe! Isus je rekao sestri Faustini: „Nepovjerenje duša razdire mi srce, ali nepovjerenje odabrane duše još više me boli. Unatoč milosrđu u koje je uranjam, ne vjeruje mi." (Dn § 50)

Naprotiv, što nam Zli šapće? „Prekasno je, previše si učinio, ne sanjaj, nemoj vjerovati da će te Bog uzeti u obzir! Više nemaš šanse, ne isplati se pokušavati, unaprijed ćeš izazvati njegovu srdžbu!" Toliko grešnika dopusti da ih takvi otrovni govori uvjere, neki čak odbijaju vidjeti svećenika na samrtnoj postelji. Nemojmo zaboraviti da je Zli ljubomoran zbog mogućnosti koja nam se nudi na zemlji, a to jest obraćenje i povratak Isusovom srcu koje nam se nudi na zemlji.

Sotona mrzi milosrđe koje mu oduzima duše koje je uspio

Isus i dobri razbojnik

zavesti. Krade mu ih čak iz najdubljih kaljuža. Bog nam svima želi dati novu šansu, drugu priliku, makar sto puta na dan, bez zaustavljanja u našem žalosnom stanju . . . Bog je veličanstven!

Prijatelji moji, moleći ovu deseticu, gledajmo u Isusa kako bi nam prenio, kao i dobrome razbojniku, istu toplinu ljubavi i isto milosrđe. Pustimo svaki osjećaj krivnje i samoosude. Približimo se bez bojazni toj rijeci ljubavi koja oživljava dušu, koja nas pročišćava i preobražava donoseći nam mir, spokoj i radost. Sada imamo priliku promatrati Isusa i, u toplini našega srca, nastojmo mu dati istu radost koju mu je podario dobri razbojnik na križu.

PETO OTAJSTVO MILOSRĐA

Petar se odriče Isusa

Stigli smo do petog otajstva milosrđa. Htjela sam zaključiti prekrasnom epizodom (Lk 22,54 i dalje). Isus svezan gleda Petra nakon njegovog trostrukog zatajenja. Prisutni likovi su Isus, Petar, poneki sluga i pijetao. Za Židove iz tog razdoblja, pijetao je bio vrlo važna životinja jer je označavao kraj noći i početak jutra. U toj epizodi evanđelja, simbolizira prijelaz iz tame ljudske bijede u svjetlost božanskog milosrđa.

U dvorani posljednje večere, Isus naviješta svoj skori završetak i kako će biti izdan. Osjećamo nekakvu simpatiju prema Petru koji nam je vrlo sličan kada uvjerljivo tvrdi: „Bude li trebalo i umrijeti s tobom, ne, neću te zatajiti." (Mt 2,35) Ne zaboravimo, u Petrovu obranu, kako su svi izjavili istu stvar za vrijeme pashalnog objedovanja!

Petar je bio siguran da voli Isusa i to je bila istina, jako ga je volio; ali nije poznavao svoju bijedu i granice. Petrova ljubav prema Isusu bila je još uvijek previše ljudska, prema tome, ograničena i koristoljubiva. Petar je zasigurno bio dotaknut Isusovom nježnošću i njegovim jedinstvenim načinom vođenja kao dobroga pastira koji nije oklijevao dijeliti najosnovnije detalje njihovog svakodnevnog života. Cijenio je blaga koja je primao od Gospodina, volio ga je jer je bio utjecajan čovjek, moćan, zadivljujuć. Zaista, Isus je znao govoriti mnoštvima kao nitko drugi, zatvorio je usta ciničnima, vršio izvanredne znakove i čudesa, umnažao čuda. Bio je zaista predivan čovjek! Petar ga je s ponosom slijedio, pripadao njegovoj grupi i postao vođa kojega je odredio sam Isus.

No, došao je čas kušnje i Isus se pokazao svojim apostolima na potpuno drugačiji način. U Maslinskom vrtu, Petar vidi lice svojega junaka prekriveno krvlju, slaboga, i najgore od svega, Isus ne pruža nikakv otpor Judinoj grupi koja ga želi uhititi. Ponaša se kao jadnik koji se daje vezati. Petar je uzrujan, više ništa ne razumije, što se događa? U toj dramatičnoj situaciji, ipak čini dokaz velike hrabrosti jer počinje slijediti Isusa kako bi saznao njegovu sudbinu, iako izdaleka, dok su svi ostali učenici odmah pobjegli.

Petar ulazi u Kajfino dvorište i približava se vatri jer je te noći bilo hladno. Jeruzalem se nalazi na 800 metara visine i to je tek početak travnja. Oko vatre netko ga prepozna i potvrđuje: „Ovaj bijaše s Isusom Nazarećaninom." (Mt 2,71-72) A Petar zaniječe: „Ne znam toga čovjeka." Potom jedan drugi kaže jasno i glasno istu stvar te ponovno, Petar zaniječe. Prođe jedan sat između drugog i trećeg zatajenja. Jedan sat? To je vječnost kada se zaniječe Onoga koji je postao središte našega života! U tom satu, Petar pati; sve je izgubio, sve je upropastio i utapa se u svojoj bijedi. Zli ne gubi vrijeme, koristi se tom slabošću, hladnoćom i strahom kako bi gurnuo u grijeh predvodnika apostola. Kamo je otišlo lijepo obećanje da nikada neće izdati Isusa? Kako je taj robustan i neustrašiv čovjek izgubio svoju hrabrosti?

Od sada Petar više nikada neće biti isti. Uvidio je svoje siromaštvo, ograničenosti svoje ljubavi, hvalisavost kojom

Petar se odriče Isusa

je prikrivao nedostatak hrabrosti: više ne prepoznaje sebe. Vjerovao je da je snažan čovjek kojega je Isus izabrao zbog svojih kvaliteta vođe, onaj koji je rekao nadahnut Duhom Svetim: „Ti si Mesija.", ukratko, čovjek na kojega je Isus mogao računati. Ali sada je slomljen, prazan, izmučen u dubini svojega bića . . . sve je upropastio! Ipak, upravo u trenutku u kojem otkriva svoju bijedu trostrukog zatajenja, Isus mu prenosi svoje neizmjerno milosrđe preko tihog pogleda, bez sjene prigovora. Jedinstveni trenutak u povijesti otkupljenja kada je bijeda prvoga pape postala odskočna daska za potpuno drugačiju ljubav! Da, od sada će Petar ljubiti Isusa ponizno, voljet će ga kao nikada prije. Petar plače od ljubavi, a ne od očaja. Za njega započinje novi život jer će Petar sada slijediti učitelja postajući malen poput djeteta, oslanjajući se samo na božansku mulost, a ne više na vlastite snage.

Od tog pogleda, poslije tih prolivenih suza, Petar postaje sveti Petar jer je položio svu svoju bijedu u Isusovo srce, osjetio je da mu je oprošteno i da je voljen čak i u svome siromaštvu. Postao je sveti Petar, raspuknuti kamen na kojem će Isus izgraditi svoju crkvu, da, raspuknuti kamen koji se priznaje takvim. Isus ne želi izgraditi crkvu na nerealnoj ljudskoj snazi, već na svome milosrđu. Dragi moji prijatelji, svi smo slomljeni, grešnici, ali imamo Isusa s nama. On nas ne napušta niti nas vraća na ispit istine, on je Spasitelj koji poznaje našu bijedu i želi je prisvojiti kako bi je preobrazio u božansku ljubav.

Kada se Isus ukazao sestri Faustini, ona je već bila vrlo blizu Bogu i vrlo uznapredovala u svetosti; no jednog dana Isus joj je rekao: „Kćeri moja, nisi mi dala ono što je istinski tvoje!" Iznenađena, pitala se što još uvijek nije dala jer je iskreno vjerovala da mu je sve dala: svoj život, mladost, zdravlje, svoja siromašna dobra . . . No Isus joj precizira: „Kćeri moja, daj mi svoju bijedu jer je to ono što pripada tebi." (Dn § 1318) Očekivala je sve osim toga! Zar se ne daje Bogu najbolje od sebe? Zašto bi Bog htio primiti nevaljali dar? Faustina je bila uvjerena kako se Isusu trebaju prikazivati samo lijepe stvari, žrtve, malene poteškoće, molitve, hvale, djela milosrđa, ali ne ono što je beznadno, jadno i smrdljivo. E sad, upravo je to ono što Isus želi da mu pružimo, potrebna mu je naša bijeda kao prvi materijal kako bi je preobrazio u božansko milosrđe i ljubav. Nebo je puno obilja, ali želi od nas jedinu stvar koja nam zaista pripada.

Kako predati Bogu tu bijedu? Preko ispovijedi! Tako dajemo Isusu sve naše ograničenosti, neuspjehe i Isus nas tamo čeka kako bi usmjerio svoj pogled na naš s neizmjernim milosrđem kao što je to napravio za Petra one noći.

"Draga djeco, molim vas dajte Gospodinu svu svoju prošlost, sve zlo koje se nataložilo u vašim srcima. Želim da svatko od vas bude sretan, a s grijehom to ne može nitko biti. Zato, draga djeco, molite i u molitvi ćete spoznati novi put radosti. Radost će se očitovati u vašim srcima i tako ćete biti radosni svjedoci onog što od vas svakog želimo ja i moj Sin . . ." (25. VELJAČE 1987.)

Nakon uskrsnuća, Isus nije rekao Petru: „Slušaj, Petre, jako te volim i izabrao sam te kao vođu apostola, no ti si me zanijekao tri puta pred svima, prema tome, promijenio sam mišljenje te ću radije izabrati Ivana. I on se nalazio u Kajfinom dvoru, no nije me zanijekao. Štoviše, nalazio se podno križa. Tako da razumiješ zašto moram promijeniti svoju odluku!" Ne, Božji darovi su bez kajanja, neopozivi su i Petar je postao puno bolji vođa nakon tih događaja. Svjestan svoga siromaštva, postao je sposoban razumjeti bijedu svakoga čovjeka, onoga iz Crkve, ne sudi s visoka skandalozno ponašanje nekih svećenika koji su zarobljeni grijehom. Sada razumije jer se i on sam sablažnjivo ponašao.

Razlika između Petra i Jude nije u vrsti počinjenog grijeha jer su nijekanje i izdaja oba teška grijeha; razlika je u tome što je Juda propustio Isusov pogled. Kada je izdao svoga Učitelja na Maslinskoj gori, Isus ga je pogledao, Juda mu je dao poljubac u obraz, ali je bio usredotočen na svoj izdajnički plan; bilo bi dovoljno pogledati Isusa koji je bio spreman sve mu oprostiti kao što je to učinio za Petra. Jedna bi riječ bila dovoljna! Vratio bi se, kao i Petar, i postao sveti Juda!

A mi danas? Kada sagriješimo i počinimo isti grijeh nebrojeno puta, nikada se nemojmo usredotočiti na vlastitu bijedu jer Zli se okoristi time govoreći nam: „Vidiš da to ne možeš, zadnji si od zadnjih, što činiš sa svim milostima koje ti je Isus dao? Sve je izgubljeno za tebe, zaboravi to!" To je njegov način rada. Obeshrabrenje. Ali Isus, na jedan ili drugi način, uvijek ima „malenoga pijetla" koji pjeva u našim noćima kako bi nas podsjetio da je uvijek s grešnikom i da nikada nije prekrasno kako bismo se bacili u njegovo naručje.

U ovoj desetici, pozivam vas još jednom da usredotočite oči svojega srca na pogled Isusa koji je naše utočište, zdravlje, blaženstvo, naše nebo! Želimo tamo prebivati kako bismo bili jedno s njim i nasitili se njegovim milosrđem. Tako možemo postati apostoli njegovoga milosrđa, ne s vlastitim jadnim snagama, nego samo s njegovom božanskom prisutnosti u nama i po njegovoj milosti. Sada podignimo pogled prema Isusu! Postanimo ono što promatramo, postanimo milosrđe! „U njega gledajte i razveselite se!" (Ps 34,6)

Dodatak

Kraljica Mira

Kraljica mira nam kaže: „Vaše molitve vrlo me diraju, ponajviše vaša svakodnevna krunica." (25. SIJEČNJA 1982.)

„Svaki dan razmišljajte o Isusovom i mom životu moleći svetu krunicu." (8. KOLOVOZA 1982.)

„Draga djeco, sve molitve koje molite navečer u kući, molite za obraćenje grešnika jer se svijet nalazi u velikome grijehu. Svaku večer molite krunicu u svojoj obitelji." (8. LISTOPADA 1984.)

„Htjela bih da svijet moli što više ovih dana uz mene! Da posti strogo srijedom i petkom; da moli svaki dan barem krunicu: radosna, žalosna i slavna otajstva." (14. KOLOVOZA 1984.)

„Krunica nije ukras, kao što je se često smatra takvom. Recite svima da mole. (18. OŽUJKA 1985.)

Kada ju je Marija Pavlović upitala: „Gospe, što želiš poručiti svećenicima?", Presveta Djevica je ovako odgovorila: „Draga djeco, pozivam vas da pozovete sve na molitvu krunice. Krunicom ćete pobijediti sve nedaće koje sotona sada želi nanijeti Crkvi katoličkoj! Molite krunicu, svi svećenici! Posvetite vrijeme krunici!" (25. LIPNJA 1985.)

"Draga djeco! Danas vas pozivam da stupite, napose sada, molitvom protiv sotone. Sotona želi više djelovati sada kad znadete da djeluje. Draga djeco, obucite se u bojnu opremu i krunicom u ruci ga pobijedite! Hvala vam što ste se odazvali mom pozivu!" (8. KOLOVOZA 1985.)

Draga djeco! Danas vas pozivam da počnete živom vjerom moliti krunicu. Tako ću vam ja moći pomoći. Vi, draga djeco, želite dobiti milosti, a ne molite. Ja vam ne mogu pomoći, jer se vi ne želite pokrenuti. Draga djeco, pozivam vas da molite krunicu, i da vam krunica bude obveza koju ćete obavljati s radošću. Tako ćete shvatiti zašto sam ovako dugo s vama. Želim vas naučiti moliti. Hvala vam što ste se odazvali mom pozivu!" (12. LIPNJA 1986.)

„Molite! I neka vam krunica uvijek bude u rukama kao znak sotoni da vi meni pripadate." (25. VELJAČE 1988.)

„Uzmite krunicu i okupite svoju djecu i svu svoju obitelj oko sebe. To je put koji će vas spasiti. Dajte dobar primjer svojoj djeci." (2. VELJAČE 1990.)

„Dragi mladi, sotona je jak i učinit će sve kako bi vas uznemirio ometajući sve vaše inicijative. Molite dakle više jer vam je u ovim posljednjim vremenima molitva nužno potrebna. Najučinkovitije oružje protiv sotone je krunica." (1. KOLOVOZA 1990.)

„Bog me je poslao među vas da vam pomognem. Ako hoćete, prihvatite krunicu! Već sama krunica može učiniti čudesa u svijetu i u vašim životima." (25. SIJEČNJA 1991.)

Kraljica Mira

„Draga djeco, nikada nisam trebala vaše molitve kao sada. Kao nikada do sada, molim vas da stisnete krunicu u svojim rukama. Držite je svom snagom." (18. OŽUJKA 1992.)

„Draga djeco, pozivam vas da molite u svojoj obitelji ili zajednici slavna otajstva krunice pred križem za moje nakane." (9. RUJNA 1995.)

„Pozivam sve svećenike, redovnike i redovnice da mole krunicu i uče druge moliti. Krunica mi je, dječice, posebno draga. Preko krunice otvorite mi svoje srce i mogu vam pomoći." (25. KOLOVOZA 1997.)

„Kada ste umorni i bolesni i ne znate koji je smisao vašem životu, uzmite krunicu i molite, molite sve dok vam molitva ne postane radosni susret s vašim Spasiteljem." (25. TRAVNJA 2001.)

„Molite Duha Svetoga da moj Sin bude utisnut u vama. Molite da možete biti apostoli božanskog svjetla u ovo vrijeme tame i beznađa. Ovo je vrijeme vaše kušnje. S krunicom u ruci i ljubavlju u srcu pođite sa mnom. Ja vas vodim k Uskrsu u mome Sinu." (2. OŽUJKA 2012.)

„Vaše molitve upućene meni najljepše su ruže ljubavi za mene. Ne mogu ne biti ondje gdje osjetim miris ruža." (2. VELJAČE 2017.)

A meni, djeco moja, poklanjajte ružarij, ruže koje toliko volim. Moje ruže su vaše molitve izrečene srcem, a ne samo izrecitirane usnicama. Moje ruže su vaša djela molitve, vjere i ljubavi. Dok je bio mali, moj Sin mi je govorio da će brojna biti moja djeca i da će mi mnogo ruža donositi. Nisam ga shvaćala. Sada znam da ste vi ta djeca, koja mi donosite ruže kada iznad svega ljubite moga Sina, kada molite srcem, kada pomažete najsiromašnijima. To su moje ruže.(25. PROSINCA 2017.)

„Najljepša stvar je vidjeti čovjeka na koljenima s krunicom u ruci jer su zrnca krunice moćnije oružje od nuklearne bombe." (JELENINOJ MOLITVENOJ GRUPI)

U ljeto 1916. Anđeo mira ukorio je one koji su žurno izgovarali Zdravo Marijo, Zdravo Marijo kako bi se mogli ići igrati. „Što radite, rekao im je. Molite, mnogo molite!" Potom se Marija, Kraljica krunice, ukazala 13. svibnja 1917. te im je rekla: „Molite svaki dan krunicu za mir u svijetu i završetak rata!"

Sveci Nam Govore

OTAC PIO IZ PIETRELCINE. Sveti brat kapucin iz Pietrelcine neprestano je molio krunicu stišćući u ruci krunicu kao moćno oružje: oružje kojim se „sve postiže!", kako mu je obećala Presveta Djevica. Govorio je: „Molite krunicu, uvijek je molite, što je više moguće." „Krunica mi je najdraža molitva. Prekrasna molitva! Prekrasna u svojoj jednostavnosti i dubini." Tako je otac Pio definirao krunicu. Taj brat kapucin otkrio je pravu vrijednost krunice nakon što ih je izmolio stotine. Nadalje, ako ga je netko pitao zašto se svaki dan toliko moli, odgovarao je: „Ako ju je Presveta Djevica uvijek savjetovala, gdje god se ukazala, zar ne misliš da ima dobar razlog za to?"

Jednom prilikom ispričao je kako je kroz prozor u dvorište vidio trg prepun neprijatelja koji su vikali: „Umri! Umri!" Zamolio je za pomoć Presvetu Djevicu, a ona mu je stavila krunicu u ruku kako bi je pokazao kao oružje. Tada se pojavio na prozoru s krunicom u ruci i vidio je sve svoje neprijatelje kako su pali na zemlju, mrtvi.

Otac Pio se ustajao u jedan ujutro kako bi se pripremio za slavljenje mise kroz molitvu Božanskog časoslova i brojnih krunica. Do četiri manje deset dopuštao je Blaženoj Djevici da ga pripremi te, zahvaljujući njegovom pisanom svjedočanstvu, znamo da ga je Majka Božja osobno pratila do oltara sa svojom neograničenom majčinskom nježnosti.

Jednog dana su mu rekli: „Oče, neki kažu da je krunica

odradila svoje vrijeme! Tako je u brojnim župama više ne mole." Otac Pio mu je odmah odgovorio: „Sotona želi uništiti ovu molitvu, ali nikada neće uspjeti: to je molitva One koja trijumfira nad svime i nad svakim. Ona nas je naučila tu molitvu kao što nas je Isus naučio Oče naš."

Jedne večeri, obraćajući se subratu koji mu je pomagao spremiti se za krevet, rekao je: „Brate, prije nego odeš, donesi mi oružje koje se nalazi u mome habitu." Mladi brat, iznenađen, pogledao je ima li u džepovima habita oca Pija zaista oružje. Otac je inzistirao: „Dobro pogledaj, tamo se nalazi." Kako mu se ne bi usprotivio, brat je ponovno gurnuo ruku u džep i rekao: „Oče, ovdje ne nalazim nikakvo oružje, nema ništa osim krunice", a otac Pio mu je rekao: „Pa dobro, zar to nije oružje?"

SESTRA LUCIJA IZ FATIME Godine 1917. sestra Lucija pisala je ocu Fuentesu: „U ovim posljednjim vremenima u kojima živimo, Presveta Djevica je htjela obnoviti učinkovitost svete krunice. Učinila ju je tako moćnom da ne postoji nijedan problem bilo materijalni, ali ponajviše duhovni, u privatnom životu pojedinca ili u životu naših obitelji, obitelji u svijetu, redovničkih zajednica, čak i u povijesti naroda i nacija, koji sveta krunica ne može riješiti. Inzistiram, nijedan problem, koliko god bio težak, ne može se oduprijeti molitvi svete krunice. Po svetoj krunici, spasit ćemo se, posvetiti, utješit ćemo našega Gospodina i zadobit ćemo spas mnogih duša."

Godine 1970. sestra Lucija napisala je jednoj susestri:

„Krunica je molitva siromašnih i bogatih, mudrih i neukih. Lišiti ih te pobožnosti bilo bi kao oduzeti im svakodnevni duhovni kruh. Krunica podržava mali plamen vjere koji se nije potpuno ugasio u brojnim savjestima. Čak i za duše koje mole bez meditiranja, jednostavna gesta uzimanja krunice za molitvu već znači da misle na Boga, na nadnaravno. Jednostavna uspomena otajstava svake desetice održava baklju još uvijek upaljenom u dušama. Evo zašto joj je demon objavio nemilosrdni rat! Najgore je što je uspio skrenuti s puta i prevariti duše pune odgovornosti . . . To su slijepci koji vode slijepce."

U listopadu 2001. sestra Lucija napisala je svim marijanskim zajednicama u svijetu:

„Presveta Djevica traži od nas da molimo krunicu s više vjere i žara razmatrajući radosna, žalosna i slavna otajstva njezinoga Sina koji ju je htio povezati s otajstvom otkupljenja koje nas spašava . . . Kada vam je krunica u rukama, anđeli i sveci ujedinjuju se s vama. Evo zašto inzistiram da je molite s dubokom sabranosti i s vjerom razmatrajući smisao tih otajstava s religioznom pobožnosti . . . Molite je sami ili u zajednici, kod kuće ili vani, u crkvi ili na ulici, jednostavna srca slijedeći korak po korak put Presvete Djevice s njezinim Sinom. Uvijek je molite sa živom vjerom za novorođenčad, za one koji pate, za one koji rade, za umiruće. Molite je u zajedništvu sa svim pravednicima na zemlji i svim marijanskim zajednicama, ali ponajviše, s jednostavnošću malenih čiji je glas ujedinjen s glasom anđela. Nikada kao danas svijet nije imao toliku potrebu za vašom krunicom . . . Često je molitva jedne krunice smirila srdžbu božanske pravde, zadobivši milost za svijet i zdravlje tolikih duša."

Nastavlja:

„Propadanje svijeta je bez sumnje posljedica nestanka duha molitva. U predviđanju ovog pada, Presveta Djevica je jako inzistirala na potrebi molitve krunice . . . Krunica je najmoćnije oružje kojim raspolažemo kako bismo se obranili u bitki."

SVETI IVAN BOSCO. Najveći učitelj mladih smatrao je krunicu temeljnim oruđem svoje pedagoške metode. Dan kada je markiz Roberto d'Azeglio došao u oratorij kako bi ga posjetio jer se jako divio djelu don Bosca, kritizirao je molitvu krunice koju je smatrao nepotrebnom i dosadnom sugerirajući da ju se ukine. No don Bosco je čvrsto i blago odgovorio:

„Meni je posebno važna ta pobožnost te bih čak rekao kako je temelj cijele moje institucije; spreman sam se odreći drugih važnih stvari, ali ne i te!"

Čak su ga i njegovi snovi ohrabrivali da njeguje kod mladih ljubav prema krunici. Posebno nam jedan događaj koji se odvija uoči Uznesenja 1862. pokazuje moć krunice.

Don Bosco, kojega je često Bog poučavao preko snova, sanjao je da se nalazi u rodnom selu kod brata sa svim mladima. Tada mu se pojavio uobičajeni Neznanac iz njegovih snova te ga je pozvao na livadu blizu dvorišta gdje mu je pokazao ogromnu zmiju dugu sedam do osam metara. Don Bosco je bio prestravljen te je htio pobjeći. No Neznanac ga je zaustavio rekavši mu da se ne boji. Zatim je otišao potražiti uže te se vratio i dao ga don Boscu rekavši mu: „Uzmi ovo uže za jedan kraj i zategni ga vrlo čvrsto: ja ću uzeti drugi kraj i tako ćemo napeti uže iznad zmije. „A poslije?" „Potom ćemo je tući s njim po leđima." „Oh ne, nikako! Jao nama ako to učinimo. Zmija će nas nasilno napasti i rastaviti na komadiće!" No njegov je Vodič inzistirao i uvjerio ga kako mu zmija neće učiniti ništa nažao; tada je don Bosco prihvatio što je od njega zatražio. Na to, Neznanac je podignuo uže i udario ga po leđima reptila. Zmija se okrenula pokušavajući ugristi one koji su je udarili, ali ostala je zarobljena kao u čvoru. „Drži čvrsto, viče Neznanac, i nemoj pustiti!" Otrčao je vezati kraj užeta za obližnju krušku; potom je svezao kraj koji je don

Bosco držao te ga je pričvrstio na prozorsku rešetku kuće. U međuvremenu, zmija se savijala i udarala mahnito glavom i tijelom toliko snažno tako da joj se meso kidalo i letjelo na sve strane. Nije prestala udarati dok od nje nije ostao samo kostur. Kada je uginula, Neznanac je odvezao uže sa stabla i prozora, presavio ga i stavio u kutiju. Kratko nakon toga, on ju je ponovno otvorio. Na njihovo veliko čuđenje, svetac i mladi koji su dotrčali vidjeli su da se uže oblikovalo u slijedeće riječi: Ave Maria. Neznanac je objasnio: „Zmija predstavlja demona, a uže Zdravo Mariju ili krunicu koja je lanac kojim se može boriti, pobijediti i uništiti sve paklene demone.

No, malo nakon toga, don Bosco je prisustvovao jednom jako bolnom prizoru: gledao je mlade kako uzimaju komadiće zmijinog mesa, jedu ga i tako su se otrovali. „Nisam mogao odustati—govorio je don Bosco—jer, unatoč mojim upozorenjima, nastavljali su jesti. Korio sam jednoga i drugoga; udario sam jednoga, tako i drugoga htijući ih spriječiti da jedu, ali uzalud. Bio sam izvan sebe kada sam vidio veliki broj mladih kako leže na zemlji u jadnom stanju." Tada je don Bosco upitao Vodiča: „Zar ne postoji lijek za svo ovo zlo?" „Da, postoji." „Koji?" „Ostali su samo nakovanj i čekić." „Kako? Trebam li ih staviti na nakovanj i tući ih čekićem?" „To je dobro—odgovorio je Vodič—čekić je ispovijed, a nakovanj pričest: treba koristiti ta dva sredstva."

SVETI LJUDEVIT MONTFORTSKI, taj veliki stručnjak o krunici, upozorava nas na dvije zamke koje treba izbjegavati:

Nakon što zazoveš Duha Svetoga, da bi dobro molio krunicu, na trenutak se saberi pred Bogom, i na način koji ćeš kasnije vidjeti, prikaži pojedine desetice. Prije nego što započneš deseticu, zaustavi se na trenutak, duže ili kraće, ovisno o vremenu kojim raspolažeš, kako bi sagledao otajstvo koje slaviš, te po tom otajstvu i po zagovoru Presvete Djevice, uvijek traži jednu od kreposti koja je na poseban način sadržana u tom otajstvu i koja ti je najpotrebnija.

Najviše pazi na dvije pogreške koje čine gotovo svi oni koji mole krunicu.

Prva, da ne formuliraju nikakvu nakanu prije nego počnu moliti; ako ih pitaš zašto mole, ne znaju odgovoriti. Zbog toga uvijek imaj na pameti da moliš za neku milost; da nasljeduješ neku krepost ili da se oslobodiš nekoga grijeha.

Druga greška, u koju se redovno pada moleći krunicu, je ta da već od početka molitve mislimo samo na to da je što prije završimo. Do toga dolazi jer se krunica smatra jednom tegobnom pobožnom vježbom koja nas jako opterećuje dok je ne izmolimo, pogotovo ako smo se na to obvezali u savjesti, ili ako smo je, protivno našoj volji, dobili za pokoru. (*Čudesna tajna svete krunice*)

Taj veliki marijanski svetac također je govorio: „Nikada nisam mogao recitirati ni samo jednu Zdravomariju bez rastresenosti!" i „Kada Duh Sveti pronađe u srcu ljubav prema Mariji, on tamo leti!"

ARŠKI ŽUPNIK JE jednog dana bio pozvan propovijedati na duhovnim vježbama u mjestu blizu Arsa. Najprije je pitao župnika je li netko od vjernika spreman intenzivno moliti. Pokazao mu je na siromašnu prosjakinju koja je znala samo moliti krunicu. Približio se jednoj prosjakinji te ju je zamolio da moli krunicu bez prestanka za vrijeme trajanja duhovnih vježbi. Prosjakinja je poslušala. Misija je prošla vrlo dobro. Obraćenja su se umnažala te je sveti svećenik radosno potvrdio: „Nemam nikakvu zaslugu; to je zahvaljujući Presvetoj Djevici koju je zazivala prosjakinja preko svoje krunice."

PAPA LEON XVIII. (1810.-1903.) predstavlja krunicu kao lijek za tri temeljna oboljenja koja su pogodila društvo njegovog vremena: 1) odbojnost prema poniznom i marljivom životu koje liječi razmatranje radosnih otajstava; 2) užas patnje koje liječi razmatranje žalosnih otajstava; 3) ravnodušnost prema budućim dobrima koje liječi razmatranje slavnih otajstava (enciklika *Supremi apostolatus officio*).

SVETA TEREZIJA OD DJETETA ISUSA, svetica maloga puta i duhovnog djetinjstva, potvrđuje da, koliko god bili teški grijesi ljudi, „s krunicom sve se može postići." Krunica je kao veliki lanac koji povezuje zemlju s Nebom: jedan kraj je u našim rukama, a drugi u rukama Presvete Djevice. Dok se god krunica bude molila, Bog neće napustiti svijet jer njegovo srce ne može odoljeti toj molitvi. Blaga nebeska Kraljica ne može zaboraviti svoju djecu koja joj neprekidno pjevaju hvale. Krunica se uzdiže kao tamjan do podnožja Svevišnjega. Marija nam je vraća poput rose koja dolazi kako bi nam obnovila srca. Nijedna se molitva ne sviđa Bogu kao krunica!"

SVETI JOSIP CAFASSO prepričava kako je jednog dana, vrlo rano ujutro, susreo na ulicama Turina malu staricu kako moli. Svetac joj se približio te ju je upitao: „Kako to da si ovdje tako rano, moja dobro gospođo?" „Prolazim kako bih počistila ulice", odgovorila je. Iznenađen, svetac ju je upitao: „Što to znači?" „Te noći bio je karneval i mnogo je grijeha počinjeno. Tako ja prolazim moleći krunicu kako bih počistila ulice od svih tih grijeha."

SVETI MAKSIMILIJAN KOLBE. U dnevniku tog velikog marijanskog apostola, našeg suvremenika, pronalazimo istaknutu rečenicu kao jednu vrstu izreke: „Koliko krunica, toliko spašenih duša!"

SVETI POMPILE PIRROTTI bio je izvanredni apostol krunice za duše u čistilištu. Sa svojom molitvom krunice postao je vrlo blizak dušama u čistilištu koje su mu iskazivale zahvalnost za utjehu koju im je donosila ta molitva. Njegov odnos s dušama u čistilištu postao je toliko prisan da, kada je svetac molio krunicu, čuo je duše preminulih kako izgovaraju drugi dio Zdravomarije.

SVETA MAJKA TEREZIJA IZ KALKUTE. „Držite se krunice kao bršljana koji se priljubio uz drvo jer bez Presvete Djevice ne možemo opstati."

DON GABRIELE AMORTH, bivši predsjednik svih egzorcista, preminuo u rujnu 2016. „Krunica je vjerojatno najpoznatiji egzorcizam na svijetu." U uvodu svoje posljednje knjige Moja krunica (izdanje San Paolo), piše: „U ovoj posljednjoj knjizi koju je napisao u devedesetoj godini, odlučio je otkriti izvor svoje unutarnje snage: radi se upravo o molitvi krunice i svakodnevnoj meditaciji dvadeset otajstava. Ta ga je molitva uvijek podržavala u svakodnevnoj borbi protiv zla djelujući sve ove godine u rimskoj biskupiji."

KARDINAL ERNEST SIMONI. Pod komunističkim režimom u Albaniji bio je osuđen nekoliko puta na smrt te je tako proveo više od dvadeset godina u zatvoru i na prisilnim radovima u kanalizacijama. Na Festivalu mladih 2017., rekao je: „Tko god moli tri krunice na dan, primit će nezamisliva čuda. Volite, dakle, krunicu, molite je. Obećajem vam da će vas Djevica

Marija, Kraljica mira, ispuniti brojnim milostima te, budite sigurni, primit ćete svjetlost i mir. Što god zatražite od Svete Djevice, bit će predano Isusu i Isus će to uslišiti. Želim svjedočiti o tome sada i ovih dana. Ne bojte se, Ona je s nama i uvijek će štititi svijet!"

Svjedočanstva

KADA KRALJICA KRUNICE NADMAŠI
NAŠA OČEKIVANJA...

Neke redovničke zajednice prisiljene su se zatvoriti zbog nedostatka zvanja: znak vremena? A ako pronađemo rješenje? Vrlo jednostavno rješenje... Evo jednog uvjerljivog primjera:

Nalazimo se u Quitu (EKVADOR) 1984. godine... Vrlo siromašan karmel koji se zove Carmen Alto bio je u padu zbog nedostatka poziva. Sve su sestre bile starije, novicijat se zatvorio. Nije bilo nijednog poziva na vidiku nakon mnogo godina. Priorica, majka Marija-Helena od Srca Isusova čula je kako se govori o Međugorju i vratila joj se nada. Sestra Luicela, talijanska redovnica iz zajednice svete Doroteje, došla ju je jednoga dana posjetiti kako bi joj rekla da putuje u Međugorje s grupom hodočasnika. Odmah ju je majka Marija-Helena upitala da moli u Međugorju kako bi bilo zvanja za njihov karmelićanski samostan i da se sastane s jednim od vidioca kako bi mogla predati tu nakanu Presvetoj Djevici Mariji. Kada je saznala da je moguće napisati Gospi pismo i da će ona odgovoriti u srcu za vrijeme molitve (ponekad je u 80-tim godinama ona čak odgovarala na pitanja), napisala je pismo i predala ga sestri Luiceli. Štoviše, zajednica svete Doroteje imala je isti problem nedostatka poziva.

Sestra Luicela nije mogla kontaktirati nijednoga vidioca, ali je prisustvovala na jednom javnom ukazanju. Kada je vidjelica svima rekla što joj je Blažena Djevica poručila, sestra je bila potresena. Zaista, evo poruke: „Sve zajednice koje budu molile svaki dan zajedno cijelu krunicu (tri dijela) za nakane moga Bezgrešnoga Srca, zadobit će da se ja osobno za njih pobrinem i da odaberem njihova zvanja."

Pri povratku, sestra Luicela je prenijela poruku priorici Karmela koja je u dubini srca shvatila da joj je ta poruka direktno upućena. Na početku se pitala za smisao izraza: „Nakane moga Bezgrešnoga Srca", potom je shvatila: „Jasno je! Gospine nakane su Božje nakane!"

Povodom sastanka Kapitula zajednice, priorica je predložila sestrama da svaki dan zajedno mole tri dijela krunice i sve su oduševljeno prihvatile molbu Presvete Djevice. Izmijenile su i prilagodile raspored svog dana kako bi mogli uvesti tu novinu te moliti čak i dok rade. To je bio početak perioda velike marijanske pobožnosti. Nakon nekoliko mjeseci, prvo je zvanje došlo u osobi Marije od Anđela te su je mnoge druge slijedile. Zvanja su postala toliko brojna tako da je 1998. priorica morala osnovati drugi karmel u Ekvatoru, a zove se Karmel svetog Dominika.

Kada je broj prešao 21 sestru (granica za karmel), morali su otvoriti još jedan karmel, u Panami. Dana 23. siječnja 2017. prve su karmelićanke iz Santo Dominga došle u Panamu. Više od 500 vjernika, svećenika i sestara bili su prisutni na blagoslivljanju Karmela koje je održao titularni biskup, msgr. Manuel Ochogavia i biskup iz Santo Dominga, msgr. Bertram

Wick. Očito je kako je tradicija svakodnevne zajedničke molitve tri otajstva krunice ostala vrlo živa, čak i u ovim novim kamelićanskim samostanima!

Za vrijeme moje misije u Galileji u travnju 2017., sestra koja mi je ispričala tu priču u karmelu u Haifi, sestra Marija Lorena rekla mi je: „Ja sam jedan od plodova Marijine poruke i tih molitvi jer sam započela svoj redovnički život u karmelu u Santo Domingu!"

Prije nekoliko godina, majka Marija-Helena posjetila je jedan samostan klarisa. Nakon što su čule njezino svjedočanstvo, klarise su također odlučile prihvatiti tu molitvu kako bi primile zvanja preko poruke Presvete Djevice. Nepotrebno je reći kako su malo nakon toga pristigle prve novakinje!

Sada bolje razumijemo zašto Gospa tako često ponavlja: „Draga djeco, pozivam vas da živite moje poruke!" Trenutno su ulozi za Crkvu i za cijeli svijet golemi. Nipošto ne smijemo zanemariti nijedno sredstvo kako bismo pobijedili. Neka ovo nepogrešivo rješenje koje nam daje Kraljica krunice pobudi nadu za njezine sinove koji su žalosni i obeshrabreni u svojim problemima! Presveta Djevica Marija nikada nikoga ne razočara!

Krunica Gospođe Siemienska

S dvadeset i četiri godine, Adam Chmielowski već je slavni slikar. Lijep, mlad, bogat, „imao je cijeli svijet pred sobom", da upotrijebimo izraz koji se najviše koristi u svijetu. Krajem 19. stoljeća, visoko društvo u Varšavi grabilo je njegove slike i njegov uspjeh mu je obećavao najsjaniju od svih karijera. Katolik po obiteljskoj tradiciji, Adam je uljudan, iskren, ali skreće s puta prema više nego sumnjivim praksama, čak okultnima. Zaista, ponekad se navečer pridružuje svojim bogatim prijateljima iz Krakova koji ga pozivaju na spiritističke seanse. Usred salona Siemienski nalazi se iznimno težak veliki drveni stol s velikim metalnim šipkama. Idealan za te aktivnosti u kojima se zaziva „duhove" i na koje oni odgovaraju tako što stol strahovito skoči, kao da je od pera. Adam je oduševljen!

Ipak, u udaljenom kutku mračne sobe netko pati. To je gospođa Siemienska, supruga voditelja igre. Kao gorljiva katolkinja poznavala je svoju Bibliju i znala je koliko se aktivnosti njezinoga muža ne sviđaju Bogu. Zar nije zapisano da je to odvratnost pred Gospodinom, Živim Bogom? *

---

* Kad uđeš u zemlju koju ti daje Jahve, Bog tvoj, nemoj se priučavati na odvratne čine onih naroda. Neka se kod tebe ne nađe nitko tko bi kroz oganj gonio svoga sina ili svoju kćer; tko bi se bavio gatanjem, čaranjem, vračanjem i čarobnjaštvom; nitko tko bi bajao,

Unatoč tome, želi ostati u svome kutku kako bi molila nadajući se da će njezine molitve suzbiti dolazak zlih duhova i zaustaviti njihovu štetu u dušama tih zalutalih. S krunicom u ruci, moli desetice preklinjući Gospu da intervenira. Ali tada se zli duhovi snažno očituju! Teški stol počinje se okretati i vrtjeti u dnevnoj sobi. Njezina ratnička krv počinje vrvjeti, ne može više izdržati! S krunicom u ruci naglo se podiže i uputi se prema grupi spiritista te sa srditim pokretom baci krunicu na stol. Adam zbunjeno promatra širom otvorenih očiju. Pod krunicom gospođe Siemienska, teški stol koji se okretao zaustavi se te se razbije na pola! Adam će posvjedočiti: „Tada smo čuli kao detonaciju pištolja." Prestrašeni, spiritisti upale svjetlo i ostaju bez riječi. Mrtva tišina . . .

Adam je upravo doživio najveći šok u životu. Gleda krunicu koja se nalazi pokraj bijedno prepolovljenog stola poput Davidove malene praćke pokraj nepomičnog tijela velikog Golijata. Shvatio je, ne treba mu više: u ovoj borbi između dobra i zla, Presveta Djevica je pobijedila sotonu preko jednostavne krunice! Posljedično, njegov se život radikalno mijenja, napušta svoja bogatstva, uspjehe i sumnjive aktivnosti u visokom društvu, preobrazit će svoju umjetnost kako bi nacrtao Kristovo lice te, naposljetku, stavit će se u službu siromaha. Čak će ići i živjeti s njima, u sumornim jazbinama izgnanih i kradljivaca iz Varšave, navijestit će im radosnu vijest i učinit će od njih svoje učenike. Osnovat će redovnički red,

---

zazivao duhove i duše predaka ili se obraćao na pokojnike. Jer tko god takvo što čini gadi se Jahvi; zbog takvih odvratnosti njih i goni ispred tebe Jahve, Bog tvoj. Budi posve vjeran Jahvi, Bogu svome. Narodi koje ćeš naskoro otjerati s posjeda slušaju vračare i gatare, ali tebi to Jahve, Bog tvoj, ne dopušta.

albertince. Njegov primjer ljubavi, čudesa, suosjećanje prema siromasima i ludost u nasljedovanju Krista bit će toliko izvanredni da će steći drugi oblik slave, božanski i trajni. Adam, odnosno brat Albert, vratit će se k Ocu 1916., na dan Božića, u dobi od 71 godinu te će ga njegov sunarodnjak Ivan Pavao II: kanonizirati 12. studenog 1989.

A gospođa Siemienska? Vjerojatno je samo na Nebu znala plod svojih krunica i prikazane patnje! Tog dana, u kutku svoga mračnoga salona, kako je mogla znati da će slavnog prijatelja svoga muža, ovog mladog i sjajnog Adama, pobijediti s jednostavnim Zdravomarijama koje je izgovarala u tišini svoga srca. Kako se mogla nadati da će pred njezinim vlastitim očima zasjati moć Djevice Marije nad silama zla?

Obiteljske Uspomene…

Moja baka s majčine strane, još uvijek u dobi od 100 godina nije propuštala svaki dan izmoliti krunicu. Ali jedne večeri, dok sam se s njom molila, povjerila mi je: „Vidiš, draga moja, moje molitve (njezina krunica), ja ih izmolim. Ali moram ti priznati da, kada ih završim, nisam jako zadovoljna! Nisam kao vi, maleni Maillardi (tako nas je nazivala!), pronašla radost u molitvi. I to me brine! Trebala bih imati radost u molitvi jer Bog je dobar!" Ja sam je utješila i obećala joj da ću moliti za nju u Međugorju kako bi mogla okusiti radost u molitvi. Također je i ona, sa svoje strane, trebala tražiti ovu milost od Marije.

Nakon nekoliko mjeseci, ponovno je susrećem i pitam je za krunicu. Oduševljeno mi je dobacila: „Vidiš, draga moja, gotovo je! Isplatilo se čekati 100 godina kako bih primila tu milost!" Jednostavno smo ujedinile svoj glas kako bi zatražile tu milost od Presvete Djevice… Sa sto godina, nikada nije kasno!

Za vrijeme Drugog svjetskog rata, moj otac bio je uhićen zbog svojih aktivnosti u Otporu. Proveo je tri godine zatočeništva u koncentracijskim logorima u Njemačkoj kao i sva njegova ćelija pobunjenika, deset muškaraca. Kao veliki zaljubljenik u Gospu, mnogo je molio krunicu. Njegova majka, kojoj je bio jedini sin, nije imala nikakve novosti o njemu, ali pouzdajući se u Mariju, nastavila je vjerovati u njegov povratak izgovarajući krunicu za krunicom.

Jednog dana kada je moj otac bio iscrpljen i gladan kao i svi njegovi kolege zatvorenici, SS na straži tražio je od zatvorenika da prevezu kamenje iz kamenoloma do mjesta gdje su planirali graditi zgradu. Svaki je zatvorenik dobio kamen koji je trebao prenijeti. Kada je moj otac vidio kamen koji mu je bio namijenjen, shvatio je kako je došao njegov čas jer mu je bilo nemoguće podići ga čak i za centimetar, toliko je bio težak. Također je znao, ako ga ne bude nosio, pustit će pse na njega a SS će ga ubiti kao zvijer. Već je vidio takve scene.

Stojeći kraj svog kamena, u svojoj nevolji, podignuo je pogled. Tada je zapazio vrlo jednostavnu seosku kuću i na njezinom pročelju nalazilo se maleno udubljenje u zidu u kojem je stajao kip Djevice Marije. Kada je moj otac vidio taj kip, u sebi je uzviknuo: „Marijo, spasi me!" U tom istom trenutku, teški kamen više nije bio težak! Moj otac nam je govorio: „Postao je laganiji od konfeta!"

Iz cijele ćelije pobunjenika, bio je jedini koji se vratio živ (što mi je omogućilo da ugledam svjetlo dana!). Nepotrebno je govoriti da moj otac nije nikada propustio molitvu krunice!

BOGU NIŠTA NIJE NEMOGUĆE!

Daleke misije uvijek nam otvore koliko neočekivane toliko i nezamislive obzore! Jedno od najljepših iskustava koje sam doživjela u Argentini bio je posjet jednom muškom zatvoru u studenom 2018., najgorem zatvoru jer je bio namijenjen kriminalcima. Ima više od deset godina kako su dvojica muškaraca odlučila izvući ih iz očaja, svjedočiti im o Božjoj ljubavi i tako im omogućiti duboko obraćenje. Danas, dolazeći u taj zatvor, susrela sam nasmiješene ljude, miroljubive, pažljive jedne prema drugima . . . da ne vjerujem svojim očima! To je duga povijest ljubavi koja je omogućila ovoj dvojici evangelizatora da uvedu molitvu krunice u taj zatvor. Djevica je učinila čuda u njihovim srcima.

Nikada neću zaboraviti taj posjet! Kada su se vrata otvorila za naš odlazak, više nismo htjeli napustiti te zatvorenike koji su postali naša braća. Došli smo kako bismo ih evangelizirali, ali su nas velikim dijelom evangelizirali ti ljudi čiji je život bio slomljen i koji su, zahvaljujući molitvi krunice i majčinskoj ljubavi Djevice Marije, postali izvanredni svjedoci snage Isusovog uskrsnuća.

Ali pustit ću Damienu da govori, protagonistu ove nevjerojatne priče . . .

„Kada zvoni telefon u 6h 35 ujutro, možeš biti siguran da to nije zato kako bih primio dobre vijesti. To je bila naša kćer Lucija od 19 godina koja je unatoč situaciji bila prilično mirna. Na putu prema sveučilištu, dogodila joj se strašna nesreća. Zajedno sam s mojom ženom Josefinom požurio na to mjesto. Jedno od automobila koje je tamo prolazilo bilo je upravo od Coca Oderiga koji je vodio svojih osmero djece u istu školu u koju su išla i naša djeca. „Damiane, jesi li u ovom neredu? Što se dogodilo? Ima li mrtvih? Ostavit ću djecu u školi i odmah se vraćam kako bih vam pomogao oko pravnih aspekata." Nikada mu ne bih mogao dovoljno zahvaliti jer nas je njegova stručnost u kaznenim djelima spasila od komplikacija. Nešto vremena nakon toga, susreo sam ga na vratima škole.

—Coco, moram s tobom razgovarati.

—Da, naravno. Hoćeš li sa mnom? Idemo popiti kavu!

Coco i ja bili smo vrlo dobri prijateli. Dijelili smo iste

vrijednosti što se tiče obitelji i religije. Ipak, tog jutra, primijetio sam kako se malo previše udaljavao od puta kako bismo išli samo na kavu. No, on je bio „šef" pa sam ga slijedio. Tada je put postao vrlo loš i odjednom sam se našao pred barijerom. A to nije bio ulaz u kafić! Parkirali smo automobile pored ogromne mase sivog cementa prekrivene bodljikavom žicom.
—Što je to?
—To je zatvor.
Nikada nisam bio u zatvoru i još manje u zatvoru koji je izgrađen na odlagalištu.
—Dovoljno te poznajem tako da znam da će ti se to svidjeti, govori mi Coco. Ima četiri godine kako podučavam zatvorenike igrati ragbi. Rekao sam im da ću im danas dovesti trenera. Zašto ne bi malo razmislio o tome što ćeš im reći? Daj mi tvoju osobnu iskaznicu. Ulazimo u zatvor.
Imao sam samo 50 metara za razmišljanje o onome što bih im mogao reći, ali nije mi dolazila nijedna jasna ideja. U srcu sam pomislio kako je Coco bio u pravu: svidjelo mi se. Našao je pravi način kako da me obuči u zatvoru. Trenutak kasnije našao sam se na sportskom terenu u žalosnom stanju s 13 prilično prljavih mafijaša u svojim ragbi majicama. Okružili su me i predstavili se s vrlo smiješnim nadimcima. To su bili Spartanci: Liebre (ZEC), Diente (ZUB), Piojo (UŠ), Chino (KINEZ).

Govorio sam im o načelima ragbija i o važnosti igre u ekipi. O Urugvajcima od 18 godina čiji je avion pao posred Alpa i kako im je ragbi pomogao preživjeti kroz 72 sata u tom „smrznutom" zatvoru, bez hrane i vode. Nikada nisam zaboravio one prve iskrene zagrljaje. To je bilo kao da sam za njih predstavljao slobodu za kojom su žeđali. Topli zagrljaj koji sam tog jutra primio od svakoga od njih bio je njihov jedini dodir sa slobodnim vanjskim svijetom. Bilo je to neodoljivo iskustvo.

Nekoliko mjeseci kasnije, rekao sam Cocu da se želim vratiti u Kaznenu jedinicu broj 48 kako bi ih posjetio. Zaista su mi nedostajali. Imao je ideju organizirati duhovnu obnovu u paviljonu 8, onaj od ragbija.

—Naći ćemo neke govornike, svećenika koji će slaviti misu, ti izaberi svoju temu sada kada si trener. I tako ćemo zatvoriti dan.

Moj je govor tog dana bio o krunici i utjecaju koji je imala na moj život. Kada sam bio dijete, nas trinaest braće i sestara klečali smo pokraj kreveta naših roditelja kako bismo prikazali krunicu Djevici Mariji. Imam irske korijene od oca i majke. Naša je kuća bila više poput zatvora. „Zlostavljanje", nepravde, nedostatak novca, hrane, odjeće, robovanje starijima i sve vrste kršenja ljudskih prava, da to kažem s malo humora. I toliko posla! Nisam pronalazio smisao u svemu tome, čak iako su naši roditelji dali svoj život za nas. Ali, kao dijete bio sam vrlo sebičan i nisam uspijevao shvatiti zašto sam imao toliko braće i sestara i tako malo udobnosti. Prema tome, kada smo molili krunicu, posebna milost spuštala se s neba i sve preobražavala. Onda je sve imalo smisla. U tom trenutku, okruživao nas je mir i moji su roditelji postali najbolji roditelji na svijetu. I pogodite što? Još sam više volio svoju braću i sestre! Započeli smo se igrati zajedno bez svađe. Za mene bilo je posve jasno, to je dolazilo od molitve krunice.

Sačuvao sam taj običaj kada sam osnovao obitelj s Josefinom i primili smo istu milost. To je postalo istinito pogotovo kada sam saznao dijagnozu najmlađega sina Michaela: Duchenne mišićna distrofija. U tom sam trenutku osjetio pozitivni duhovni „šok". Shvatio sam kako su svaka izgovorena krunica i svaka doživljena misa u mome životu konačno imali značenje. Jedan blagi glas mi je govorio: „Sve je bilo za to." Kako bih s ljubavlju prihvatio bolest moga sina. Kako bih primio tog anđela. Kako bih podnio težinu križa. Istovremeno je iz moga srca isplovila rijeka ljubavi. Bol se ubrzo promijenila u ljubav. Uzvišen doživljaj koji je dao smisao mom životu.

To je bio moj govor tog jutra! Kupio sam 40 krunica i svaki od zatvorenika dobio je jednu na poklon zajedno s malom knjižicom Kako moliti krunicu, potom sam se oprostio sa svakim od njih s toplim zagrljajem. Ali shvatio sam kako je nitko od njih ne zna moliti. Zato sam se odlučio vratiti sljedeći petak kako bih molio cijelu krunicu s njima te kako bi to mogli poslije činiti u potpunosti sami. Tog smo se petka Coco i ja vratili s ukusnim kolačima za četrdesetak osoba i počeli smo ih učiti kako moliti otajstva, desetice, itd. Kada je kolačića nestalo, s nama su ostala samo tri ili četiri pristojna zatvorenika. Neki su nas pitali: „Vratit ćete se slijedeći petak?" Nisam znao je li to pitanje ima veze s kolačima, sa mnom ili s krunicom, ali to mi je bilo manje važno. Tako smo se vratili, ali bilo je isto svakoga petka. Potom su neki prijatelji pitali mogu li doći moliti sa Spartancima. Njihov se broj povećavao. Ono što sam osjećao sa svojom obitelji postajalo je sve očitije. Paviljon 8 postao je ugodnije mjesto za život. Osjećali smo se više „kao kod kuće", u obitelji, među prijateljima. Na kraju svake krunice, mir i radost su nas okruživali.

Konačno, svi Spartanci počeli su s nama moliti i „ljudi s ulice" (tako nas zovu) dolazili su u sve većem broju. Između svakog otajstva, razgovarali smo o temama kao što su oprost, ozdravljenje duše, nježnost, ljubav, djetinjstvo, nošenje križa, uloga sotone, uskrsnuće, život svetaca, vječni život . . . Počeli smo se moliti za papu, za naše obitelji, za bolesnike, za siromašne . . . Milosti Blažene Djevice Marije bile su i nastavljaju biti obilne. Bili smo svjedoci obraćenja, čudesa, iscjeljenja i nastavljamo sa iznenađenjima.

Ukratko, svakoga petka, u Kaznenoj jedinici 48 oko 300 zatvorenika pobožno moli krunicu u paviljonima 7, 8, 10, 11 i 12. Nikada nismo prekinuli tu molitvu. Ni ljeto, Božić, praznici, zima, kiša ili ekstremna vrućina nisu nas spriječili da molimo. Danas se taj običaj proširio i na susjedni zatvor, kaznenu jedinicu 47. U zatvorima gdje je uveden ragbi, sve se više moli krunica. Svakoga petka, ti ljudi kojima je oduzeta sloboda nestrpljivo čekaju dolazak „ljudi s ulice" kako bi molili krunicu. Više od 100 volontera ispune parking svaki tjedan, čekaju na svoj red kako bi ušli u zatvor i molili se Djevici Mariji zajedno sa zatvorenicima. Šalju nas kući s napunjenim baterijama. Mi smo povlašteni svjedoci i na prvoj liniji njezinog dobrog posla. Kao što je rekao papa Franjo: „Djevica Marija sposobna je preobraziti životinjsku špilju u Isusovu kuću s nekoliko komada tkanine i s obiljem nježnosti." Nastavljamo ponavljati tu rečenicu i naši nam zatvorenici odgovaraju: „Zatvori su bili životinjske špilje s nasiljem, smrti, boli i patnjom; ali sada ovdje igramo ragbi i molimo krunicu. To više nisu životinjske špilje. Naša kuća je zajednica i vi ćete biti uvijek dobrodošli."

Ja sam zadovoljan što me Coco nije odveo tog jutra na kavu! Tako je dobro biti dio tima koji pripada Djevici Mariji!

DAMIÁN DONNELLY,
Odvjetnik, Buenos Aires, Argentina

Obećanja Presvete Djevice Marija

Blaženi Alain de la Roche koji je uzeo habit svetog Dominika kojem dugujemo sadašnju strukturu krunice prenio nam je obećanja koja je primio od Presvete Djevice za one koji su odani molitvi svete krunice:

1. Svima koji budu odano molili krunicu, obećavam svoju posebnu zaštitu i obilje milosti.

2. Oni koji budu ustrajali u molitvi krunice, primit će neku osobitu milost.

3. Krunica će biti moćno oružje protiv pakla, uništit će grijehe i izgnati herezu.

4. Krunica će pomoći rast kreposti i dobrih djela, donijeti obilje Božjih darova za dušu, preokrenut će ljubav prema svijetu u ljubav prema Bogu, uzdići srca da žele božanska i vječna dobra. Na taj način će se te duše posvetiti.

5. Koji mi se povjere preko krunice, neće biti izgubljeni.

6. Koji budu pobožno molili moju krunicu, razmišljajući o otajstvima spasenja, neće biti satrveni nedaćama niti će umrijeti lošom smrću. Grešnici će se obratiti, pravedno će rasti u milosti i postati dostojni vječnoga života.

7. Oni koji su iskreno odani molitvi moje krunice, neće umrijeti bez utjehe Crkve ili bez milosti.

8. Oni koji budu molili krunicu, naći će za života i na smrti svjetlost Božju, puninu njegove milosti i bit će ubrojeni među blažene.

9. Brzo ću osloboditi iz čistilišta duše odane molitvi krunice.

10. Prava djeca moje krunice uživat će veliku slavu na nebesima.

11. Ono što preko krunice tražite, dobit ćete.

12. Koji šire moju krunicu, dobit će preko mene pomoć u svim svojim potrebama.

13. Postigla sam od svog Sina da će svi prijatelji krunice imati svece nebeske za svoju braću u životu i smrti.

14. Koji vjerno mole krunicu, moja su draga djeca, braća i sestre Isusa Krista.

15. Odanost mojoj krunici poseban je znak predodređenja.

Nepoznata Snaga Posta

"PROČITAO SAM VAŠU KNJIGU od početka do kraja. Vaše su me riječi potpuno zarobile i uvjerile su me u važnost posta. Već sam znao prednosti posta, ali nisam bio svjestan svih njegovih atributa koje vi tako dobro objašnjavate. Čitajući ovu knjigu otkrivamo post.

Kao što znamo, Gospa u Međugorju kontinuirano inzistira na važnosti posta, ali izbjegavamo prakticirati nešto što zahtijeva žrtvu. Borimo se nagovoriti sebe na post.

Argumenti koje predstavljate i primjeri koje navodite u ovoj knjizi pokazuju vrlo jasno razlog zašto Gospa inzistira na nečemu tako dragocjenom za dušu i tijelo, za apostolat na zemlji i duše u čistilištu.

Hvala vam što ste naglasili tako važnu temu, vrlo često spomenutu u Svetom pismu, tako dragocjenu za žive i za zagovor mrtvih.

Završni dio vašeg rada, s riječima svetaca, uvjerit će i najnevoljnije. Ova knjiga neće biti ništa manje od istinskog otkrića posta onome koji je pročita."
Don Gabriele Amorth

SKRIVENO DIJETE MEĐUGORJA

"Kad sam pročitao Međugorsko čudo bio sam zbunjen. Ta knjiga me je toliko dotaknula da me je doslovce odvela u

Međugorje. Na koncu, morao sam vlastitim očima vidjeti duhovna čuda o kojima se u njoj govori. Sada, sa Skrivenim djetetom Međugorja žar ljubavi za Mariju primio je i novi dašak—povjetarac Pedesetnice. Sestra Emmanuel je uistinu jedan od najboljih Marijinih glasova! Čestitam na ovom dragulju svjedočenja! Ne bih se iznenadio ni da sama Gospa postane njezina najgorljivija čitateljica."

Msgr. Denis Croteau, OMI Biskup u biskupiji Mackenzie-Fort Smith, Kanada.

„Knjige su poput školjki; na prvu sve izgledaju slično. No, one su daleko od toga da budu identične i njihova vrijednost uvelike se razlikuje. Neke od njih su pune blaga i tako dobro napisane te skrivaju u sebi rijetke bisere. Knjiga s. Emmanuel je jedna od takvih; sadrži najljepše bisere i s njima obogaćuje čitatelja. Kroz njezine priče i anegdote, čitatelj je zadovoljan što je upoznao ljude od velike vrijednosti i da je ispunjen s poukama tolikih događaja. Kroz ovu knjigu, osoba će potpunije istražiti put koji je još uvijek premalo poznat: put Kraljice mira."

JOZO ZOVKO, OFM

SV. MARIAM BAOUARDY kći je Galileje. Rodila se u obitelji siromašnoj materijalnim dobrima, ali bogatoj čvrstom kršćanskom vjerom. S tri je godine ostala siroče. Usvojio ju je stric. Nikad nije naučila ni čitati ni pisati no njezin je život slijed izvanrednih natprirodnih pojava dostojnih jedne Katarine Sijenske ili Terezije Avilske. Imala je stigme. Prošla je teške duhovne bojeve sa sotonom.

Knjige s. Emmanuel na hrvatskom

Međugorsko čudo,
Skriveno Dijete Međugorja,
Ljubav će imati zadnju riječ,
Sv. Mariam iz Betlehema,
Ozdravljenje kroz post,

Prekrasna priča o Međugorju za djecu od 7 do 97 godina, namijenjena je svima, jer malene upoznaje s nevjerojatnim fenomenom Gospinih ukazanja koji se još uvijek odvija u Međugorju, a za nas starije dobro je da je češće čitamo i podsjećamo se da nam Gospa želi pomoći da zadobijemo život vječni.

Saznat ćete kako su vidioci bili hrabri tijekom progona. Poželjet ćete saznati i poruke koje nam Majka preko njih prenosi. Majka Marija samo razmišlja kako bi nam pomogla, ona svakog od nas jako puno voli—na poseban način! U Međugorju, kao i u Lurdu, mnogi ljudi ozdravljaju . . .

www.ingramcontent.com/pod-product-compliance
Lightning Source LLC
Chambersburg PA
CBHW072150100526
44589CB00015B/2165